Heide Schütz

Kanada – Wildnis, Jagd und Lagerleben

Als Frau unter Bären, Elchen und Wölfen

Mit 27 Abbildungen, davon 10 farbig, auf 15 Tafeln

Verlag Paul Parey · Hamburg

Bildnachweis

Die Fotos auf den Tafeln gegenüber
– der Seite 17 (oben) stammen von Stefan Meyers,
– den Seiten 48, 65, 113 (unten) von Mike Nessler, Fotostudio »Picture born«,
– der Seite 49 (oben links) von Jürgen Schiersmann,
– der Seite 49 (oben rechts) von Wilfried Schurig,
– der Seite 49 (unten) von Lennart Mathiasson,
– der Seite 96 (oben links) von Manfred Mehner,
– der Seite 96 (oben rechts) von R. Hoffer,
– der Seite 96 (unten) von Horst Arndt.

Alle anderen Bilder stellte die Verfasserin zur Verfügung.

Die Deutsche Bibliothek – CIP-Einheitsaufnahme

Schütz, Heide:
Kanada : Wildnis, Jagd und Lagerleben ; als Frau unter Bären, Elchen und Wölfen / Heide Schütz. – Hamburg : Parey,
1993
ISBN 3-490-27211-0

Das Werk ist urheberrechtlich geschützt. Die dadurch begründeten Rechte, insbesondere die der Übersetzung, des Nachdrucks, des Vortrages, der Entnahme von Abbildungen und Tabellen, der Funksendung, der Mikroverfilmung oder der Vervielfältigung auf anderen Wegen und der Speicherung in Datenverarbeitungsanlagen, bleiben, auch bei nur auszugsweiser Verwertung, vorbehalten. Eine Vervielfältigung des Werkes oder von Teilen dieses Werkes ist auch im Einzelfall nur in den Grenzen der gesetzlichen Bestimmungen des Urheberrechtsgesetzes der Bundesrepublik Deutschland vom 9. September 1965 in der Fassung vom 24. Juni 1985 zulässig. Sie ist grundsätzlich vergütungspflichtig. Zuwiderhandlungen unterliegen den Strafbestimmungen des Urheberrechtsgesetzes.
© 1993 Verlag Paul Parey, Hamburg, Spitalerstraße 12, 20095 Hamburg.
Umschlaggestaltung: Evelyn Fischer, Hamburg, unter Verwendung eines Fotos von Jens Krüger.
Satz und Druck: Rasch Druckerei und Verlag GmbH & Co. KG, Bramsche.
Buchbinderei: Bramscher Buchbinder Betriebe, Bramsche.
Printed in Germany

ISBN 3-490-27211-0

*In Liebe und Dankbarkeit für meine Kinder
Barbara, Christoph, Veronika und Joachim*

sowie für Heinrich

Inhalt

Fast privat – ein Vorwort 7
Wer fürchtet sich vorm schwarzen Bär? 14
Von Outfittern, Gästen, Guides und anderen Gestalten . . . 21
Sunnyboy 31
Bären sind nicht ohne 34
All der bösen Dinge sind drei! 39
Petrijünger 43
Die Jagd geht auf! 49
Labour Day – ein wichtiger Feiertag 54
Indianerg'schichten 58
Sprachbarrieren 61
Quax – der Buschpilot 65
Der alte Fritz 69
Schichtwechsel 72
Schneider 77
Sustut-River-Lodge 85
Am Trail 96
Kamtschatka-Fischer 108
Gossip-Time 115
Petersilie und Suppengrün 123
Im Reich der Giganten 138
Das tragische Ende eines Filmstars 150
Last not least! 161
Zwei- und Vierbeiner rund ums Camp 163
Mit Deinen Augen 182

Fast privat – ein Vorwort

Mutig ist, wer wahrhaft liebt,
Großmütig, wer einfach lebt,
Und wer nicht hoch zu sein begehrt,
Der wird von aller Welt verehrt!
(Laotse)

Bevor ich Sie, liebe Leserin, lieber Leser, einladen möchte, mit mir in meinen Tagebuchaufzeichnungen zu blättern, will ich kurz etwas zu meiner Person sagen und wie es mir gelang, zu meinem Traumjob zu kommen.

Wer sind wir? Wie sind wir? Wir, die Menschen hier im kanadischen Busch, mit denen der Gast in seinem Urlaub mehr oder weniger auf engem Raum zusammenleben wird, denen er bei Flug, Fahrt oder Pürsch sein Leben anvertrauen wird. Wir, die ausgewanderten Europäer, die Einheimischen – Indianer oder Weiße –, die wir ein Team wurden in dem gemeinsamen Bestreben, dem Gast einen optimalen Jagd-, Fisch- oder Fotourlaub zu bieten.

Normal sind wir, stinknormale Menschen – aber was ist heute schon normal? Eine große Liebe zur Natur, zur Jagd, ein Hang zu Freiheit und einer gewissen Unabhängigkeit, ließ uns hinausgehen in jenes Land, das aufgrund seiner Größe, Weite und Einsamkeit diese Freiheit und Unabhängigkeit geradezu signalisiert. Hart arbeitende Menschen sind wir. Ein Zwanzigstundentag während der Saison ist keine Seltenheit. Bequemlichkeiten der Zivilisation wie Heißwasserboiler, Strom, Heizung, Wasserleitungen fehlen oft in den Wildnislagern, den sogenannten Camps. Aber auch in den etwas ruhigeren Monaten außerhalb der Saison gibt es wenig Verschnaufpausen. Ständig heißt es am Drücker bleiben: Verbessern,

Erweitern, Werben, Messen besuchen, Verhandlungen mit Reisebüros und Buchern füllen diese Zeit aus.

Obwohl in der Großstadt Wien geboren, verbrachte ich doch meine Kindheit und Jugend auf dem Lande, und mein Großvater war mein erster Lehrmeister. Bevor ich noch lesen und schreiben konnte, wußte ich alle Blumen, Kräuter, Pilze und Beeren der Heimat zu unterscheiden und zu benennen. Es gab damals nichts Schöneres für mich, als an der Seite dieses alten, weisen Mannes durch die Felder und Wälder meiner Jugend zu wandern. Aber auch als Teenager war mir ein Streifzug durch Wald und Flur lieber als der Besuch eines überfüllten Freibades oder Kinos. Das war auch die Zeit, in der ich die ersten Kontakte zur Jägerschaft bekam – mein „Wald- und Wiesen-Fritzl", erster Schwarm und erste Liebe, war für die nächsten Jahre mein Begleiter.

Schon damals in der Mittelschule hatte der Begriff Kanada etwas besonders Faszinierendes für mich, einen geradezu elektrisierenden Klang. Irgendwann, irgendwann werde ich es vielleicht schaffen, dort wenigstens einmal Urlaub zu machen – waren meine Gedanken, Wünsche und Sehnsüchte. Dann kamen Beruf, Familie, die Jahre flogen nur so dahin, die heimliche Sehnsucht aber blieb. Tonnenweise habe ich Literatur über dieses Land gelesen, Filme und Lichtbildervorträge besucht, habe meine Jagdprüfung in Österreich abgelegt – alles mit dem Hintergedanken, es einmal vielleicht „dort drüben" brauchen zu können.

Als meine kleine, heile Welt hier in Europa dann zerbrach, als ich aus der Schwärze der Ausweglosigkeit endlich wieder zu mir fand, da habe ich mir geschworen, aus diesem meinem zweiten Leben, aus dieser mir nochmals geschenkten Zeit etwas Besonderes zu machen. Mich frei zu machen vom alltäglichen Trott in Büro und Haushalt, mich frei zu machen für meine Liebe zur Natur, zur Jagd und zum Reisen.

„Wem Gott will rechte Gunst erweisen, den schickt er in die weite Welt", das wurde mir zur Parole. Ich bekam auch schnell Kontakt mit Auslandsjägern, mit Leuten, die in Kanada eine eigene

Jagd haben und eine helfende Hand zum Aufbau benötigten. So lernte ich Heinrich, meinen norddeutschen „steelhead", kennen und war für zwei Jahre seine rechte Hand beim Aufbau und der Leitung seines Jagdlagers oder „outfits", wie es die Kanadier nennen. Der erste Teil meiner Aufzeichnungen berichtet von dieser für mich so unvergeßlich schönen Zeit.

Dann aber zog es mich wieder weiter, Kanada ist so riesengroß, so vielgestaltig und weit, ich möchte noch viel, viel mehr sehen und erleben. So kam ich zu Baron Fritz aus Österreich und durch ihn in den Yukon, nördlich von nirgendwo! Noch größer, noch weiter, noch rauher, noch einsamer, aber auch noch schöner, als ich es mir vorgestellt habe. Davon berichte ich besonders gern.

Wo es mich noch hintreiben wird auf dieser Welt, das wissen nur die Götter – und die sind sich ja bekanntlich nicht einig –, aber ich bin begierig und bereit, noch viel zu sehen, zu erleben, es ist nie zu spät! Auch wenn man nicht mehr taufrisch ist und meint, schon zu vieles im Leben gesehen und erlebt zu haben, es gibt immer noch Neues zu entdecken, Wunder zu erleben. Gerade in reiferen Jahren sieht man vieles anders, genießt und erlebt bewußter und intensiver als früher.

Solange mein altgedientes Sitzfleisch noch einen achtstündigen Ritt aushält, solange ich noch zwei volle Wassereimer vom See heraustragen kann, mir das Holzhacken so viel Spaß macht, solange möchte ich dieses wilde, freie, rauhe Leben einer Campköchin und -managerin weiterführen. Alt, ich? Noch lange nicht!

In der Saison beginnt mein Tag zwischen drei und fünf Uhr morgens. Wenn die Männer zum Frühstück kommen, habe ich meistens schon zwei Stunden Vorbereitung, oft in Hektik hinter mir. Feuer machen, Kaffee kochen – ohne Strom und Kaffeeautomaten –, so ein richtig schöner Häferlkaffee, bei dem man nach Stunden noch den Satz zwischen den Zähnen kauen kann. Eier, Speck oder Schinken braten, Kartoffeln dazu, manches Mal auch frischen Fisch, für Ernährungsbewußte Müslischüsseln richten, und zu guter Letzt auf Rosten das Brot toasten. Es ist eine deftige

Kost hier im Busch; aber so ein Frühstück soll lange vorhalten, Kalorien werden beim Pürschen und Steigen zur Genüge gebraucht. Dazwischen das Feuer nie aus den Augen lassen, dabei Lunchpakete richten, Thermoskannen füllen und so weiter, und so fort.

Wenn dann alle aus der Tür draußen sind oder ums nächste Eck' verschwunden, dann gibt es für mich erst einmal ein Häferl voll Kaffee oder zwei oder drei, und ein Zigaretterl dazu oder zwei oder drei – und vor allem nicht an die Jagd und Männer denken jetzt, am besten gar nichts denken! Gut durchatmen und den aufsteigenden Morgen beobachten, einwirken lassen und genießen.

In der Zwischenzeit ist das Wasser in den Eimern heiß geworden, ich reinige das Geschirr, kehre die Holzkabinen aus, und dann gibt es die größere Pause. Je nach Speiseplan kann ich mich von 11 Uhr bis gegen 15 Uhr selber beurlauben. Meine rechte Hand schafft der linken keine Arbeit an, und wenn der Kopf anders meint, dann streiken beide! Das ist die Zeit, etwas Schlaf nachzuholen, Beeren zu pflücken, Pilze zu suchen, mit dem Kanu zum Fischen auf den See zu fahren oder einfach faul in der Sonne liegen, die Seele baumeln und die Gedanken mit den Wolken segeln zu lassen. Das ist aber auch die Zeit des Lesens, Schreibens, Musikhörens, des Wildbeobachtens. Kein Telefon, kein Chef, kein Kollege stören mich hier in meiner Beschaulichkeit. Es ist die Zeit des ICH-Seins. Meine „zeremoniellen Waschungen" werden auch in diese männerlose Zeit im Camp verlegt, denn manches Mal ist einfach nur der Fluß oder See dazu da, vor allem in kleineren Außenlagern. In den besser ausgestatteten Hauptlagern gibt es ja Duschen oder Saunahäuschen. Anders gestaltet sich meine Freizeit aber, wenn Wildbret zu zerwirken, Marmelade einzukochen oder Fische zu räuchern sind, dann ist diese Pause natürlich kürzer, jedoch ist das ja auch nicht alle Tage der Fall. Nachmittags um drei Uhr beginnen die Vorbereitungen für das Abendessen mit dem Waschen von Kartoffeln und Gemüse, Schälen, Putzen, Schneiden, dem Braten-ins-Rohr-Schieben, Holzladen-Auffüllen und was da sonst noch getan sein will.

Schließlich senkt sich die Abendstille übers Tal. Staunend betrachte ich immer und immer wieder die herrlichen Sonnenuntergänge, lausche den klagenden Schreien der Loons (Polartaucher). Nebelschwaden ziehen im Herbst aus den sumpfigen Wiesen, tanzen wie Hexen zwischen den Bäumen, Kojote und Wolf heulen ihre Einsamkeit in die aufsteigende Nacht.

Das sind die Momente, die „Sternstunden", an die ich mich halte, von denen ich zehre, wenn mir der Po vom Reiten so schmerzt, daß ich am liebsten nur auf dem Bauch liegen und mich nicht rühren möchte, wenn die Hände und Finger voller Schnitte und Brandblasen sind, wenn die Moskitos mich zerstechen und bei lebendigem Leib schier auffressen wollen. Und weil ich schon davon erzähle, natürlich gibt es auch Augenblicke, die ich gar nicht mag, die ich geradezu hasse, aber es sind nur wenige, sehr wenige: Morgens um fünf z. B. aus dem warmen Schlafsack klettern und raus aufs „Out-Häuschen", wenn es Minusgrade hat, ich abends vergaß, meine Kleider in den Schlafsack zu stecken, die Klobrille über Nacht draußen geblieben und jetzt unterkühlt ist, das z. B. mag ich gar nicht! Fangen im Frühling aber die Rotkehlchen in den Wacholderbüschen zu singen an oder tanzt ab Mitte September das Nordlicht über den schwarzen Himmel – leuchtende Lichtvorhänge, unwirklich strahlend, oft nur für Sekunden, dann wieder als flimmernder Strahlenkranz über den Bäumen hängend –, dann ist auch dieses Unbehagen schnell vergessen.

Plötzlich kommen sie heim. Laut, lachend, grölend oder still in sich gekehrt, mürrisch und verärgert, je nach dem, wie ihr Tag verlaufen ist. Jedenfalls gibt's Leben im Lager – so oder so! Einsamkeit, wann war das? Alle reden und erzählen zugleich, alle haben Bitten und Wünsche: Durst – Hunger – Ich hab einen Knopf abgerissen – Kannst' mir bitte die Socken richten? – Meine Thermoskanne ist kaputt – Hast' noch ein bisserl mehr Suppe – Gemüse – Braten? – Was gibt es als Nachtisch? – Morgen mußt du in die Stadt, Sprit besorgen – Hast' dem Alois seinen Elch schon angeschaut? – Ich brauch' dringend ein Kopfwehpulver –! 100 000 Silben in der Sekunde muß mein Kopf verarbeiten, und da heißt es schnell, schnell aus den Tagträumen in die Wirklichkeit zurück – wenn das vorher nicht schon die dicke Brandblase auf der rechten Hand bewirkt hat.

Aber ich bin ja nicht nur Köchin, ich bin auch Krankenschwester, Fleischerin, Taxifahrerin, Bootsführerin, Schneiderin, Filmemacherin, Fotografin, Reiseleiterin, Dolmetscherin, Buchhalterin – eben Mutter der Kompanie und Mädchen für alles (fast alles) –, heute sagt man ja Manager dazu, oder?

Ob ich auch ein Privatleben habe, werde ich öfter gefragt. Natürlich habe ich das, aber ein Mensch, der das unermeßliche Glück hat, sein Hobby zum Beruf zu machen, der hat doch alles, was er sich wünscht und braucht! Die Stunden zwischen den „großen Auftritten" der Jäger und Jagdführer sind vor allem mein Privatleben, aber auch die Zeit zwischen den einzelnen Gruppen, wenn die einen bereits abgereist, die anderen noch nicht angekommen sind. Wenn die Jagdführer und Pferdeburschen, nach Bar, Bier und Mädchen lechzend, ausgeflogen sind und mir das Camp, ja die ganze Welt alleine gehört. Da fühle ich mich wie Eva im Paradies (ohne Adam und Schlangen noch besser) und meine wirklich, die Welt gehöre mir, und ich sei nun hier, ihr noch einige Geheimnisse zu entlocken. Nicht alle, oh nein, da würde ja das Schönste und Wichtigste fehlen, aber doch das eine oder andere, vor allem für mich noch so große Geheimnis, das dieses Land, diese unberührte Natur, mir zu bieten hat.

Dann mache ich meine Wanderungen, vorsichtig, und mir immer der Tatsache bewußt, daß niemand mich suchen oder finden würde, wenn ich mit einem gebrochenen Bein z. B. irgendwo liegenbleibe. Meine Angst vor Bären hält sich in Grenzen, weiß ich doch, daß ich sie mir mit Lärm am besten vom Leibe halten kann, auch gehe ich nie ohne Waffe fort. So klingen dann Mozart, Beethoven und Tschaikowsky durch die Täler des Yukons (niemand möge hier bitte annehmen, daß ich diese herrliche Musik als Lärm bezeichnen möchte!), oder ich selbst stimme eine lautstarke Arie an, falsch, aber wirksam! Dann wasche ich ein bisserl Gold im nahen Fluß, finde auch gerade so viel, um einen Ring zu schmükken, suche und finde Fossilien und einmal sogar ein ururaltes indianisches Steinwerkzeug in Form eines Schabers oder breiten Messers und kann mir gut vorstellen, wie die Felle und Häute damit bearbeitet wurden. Dann sitze ich aber auch stundenlang einfach in der Natur, versuche in ihr aufzugehen, mich einzufügen und in ihr zu verschmelzen, beobachte eine Herde von über hundert Karibus, wie sie gemächlich im Tal entlangzieht, die älteren ihre Geweihe noch im Bast, die Jungen noch nicht viel stärker als Doggen. Ein Wald von Geweihen zieht an mir vorüber, ein Bild, das ich wohl nie im Leben vergessen werde.

„... dem will er seine Wunder weisen, in Berg und Tal und Strom und Feld..."

Ist das denn nicht Privatleben genug? Ich brauche nicht mehr. Natürlich fliege ich im Laufe eines Sommers auch ab und zu einmal aus, vor allem um Gäste, die kein Englisch sprechen, vom Flughafen abzuholen. Dann gebe ich mir Zivilisation in Form eines herrlich heißen Schaumbades und eines Telefongespräches mit den Kindern in Europa. Besuche auch ab und zu ein Rodeo, einen Hilly-Billy-Wettbewerb oder eine Square-dance-Veranstaltung, ein Museum oder fahre mit dem alten Dampfschiff auf dem Yukon, bin Tourist wie viele andere auch und bestrebt, so viel wie nur möglich über meine neue Heimat zu lernen.

Aber Jubel, Trubel, Heiterkeit, Verkehrsampeln, Telefon und Fernseher, davon hatte ich in Europa zur Genüge, das ist das Allerletzte, was mir in Kanada fehlt und wonach ich suche!

Ja, so kam es, daß aus mir Hausfrau, Bürokauffrau, Reiseleiterin, Journalistin wurde, das, was ich heute bin – „B. C. and Yukon-Heide, famous for her hospitality" (bekannt für ihre Gastfreundschaft). Und ER, der auch mein Sach' aufs best' bestellt, möge mir helfen, dies noch lange, lange Zeit zu bleiben.

Burns Lake, Indianersommer 1992   Heide Schütz

Wer fürchtet sich vorm schwarzen Bär?

Nicht von großartigen Jagden auf noch großartigere Trophäen will ich in meinem Buch berichten, sondern vor allem von den kleinen Begebenheiten, vom Leben in einem Jagdcamp im tiefen Busch von Kanada, von den Freuden und Leiden und den lustigen Episoden am Rande, hinter die Kulissen will ich Sie ein bisserl schauen lassen.

Aber eine Geschichte – meine Bärengeschichte – möchte ich doch hier unterbringen. Damit Sie auch wissen, wie sehr ich mit den Jägern, den Gästen mitfühlen kann, denn auch ich war einmal Gast auf Großwild in Kanada – habe dabei meine Liebe zu Land und Leuten entdeckt und den Absprung in ein neues Leben gewagt.

Ein Frühjahrsbär sollte es sein, in Britisch-Kolumbien, in Heinrichs Revier am François Lake. Ja, und ich gestehe es offen ein, daß ich mir damit auch etwas beweisen wollte. Ich wollte herausfinden, ob ich das Zeug hätte, hier in dieser Wildnis, in diesem „bear country" zu leben, ob ich mein Gewehr gut genug beherrsche, meine Nerven bewahren kann oder ob ich in Angst und Panik verfalle, wenn ich dem letzten Monarchen dieser Wälder gegenüberstehe.

„Such nach einem schwarzen Fleck in der Landschaft, der schwärzer als schwarz ist und nicht hinpaßt", hat mein Jagdführer gesagt. Wie viele hundert verbrannte, verkohlte Baumstümpfe, wie viele Felsen oder auch nur dunkle Büsche habe ich schon als Bären angesprochen. Wie oft habe ich gemeint, der schwarze Fleck hat sich aber jetzt doch bewegt – einfach, weil ich mit dem Glas zu lange darauf geschaut habe und meine Augen schon tränten –, und nichts war es dann.

Am Morgen des 5. Mai 1988 hatte ich dann Einzelführung mit Heinrich – und das war der große Tag.

Beschaulich ist die Jagd auf Frühjahrsbären, vor acht Uhr morgens mußten wir nie los, denn auch die Bären sind Langschläfer zu dieser Zeit. Der Winterschlaf hat all ihr Fett und ihre Reserven aufgezehrt, und erst wenn es etwas wärmer wird, dann kommen sie aus ihren Schlafplätzen und suchen nach dem ersten zarten Grün. Vor allem entlang des Sees, an den warmen, sonnigen, aperen Südhängen.

Der Wetterbericht war nicht so gut für diesen Tag, aber ich hoffte sehr, daß die Wetterfrösche hier auch so ungenau sind und lügen wie im guten, alten Europa. Wir fahren also guten Mutes los in Richtung See, lassen das Auto dann auf einer alten Forststraße stehen und pürschen. Heinrich hat den Ruf als unermüdlicher Geher, und so bin ich froh über das Konditionstraining, das ich vergangenen Winter absolvierte.

Ein, zwei, drei Stunden arbeiten wir uns schon durch diesen Urwald. Und es ist stellenweise wirklich eine schwere Arbeit. Kreuz und quer liegen die Bäume, oft drei Stockwerke übereinander, man weiß nicht, soll man drunter oder drüber. Dann wieder Dickungen aus wilden Heckenrosen und Schlehen, die man nicht umgehen kann, und ich bin froh über meine dicke Lodenkleidung, denn die feinen Dornen stecken überall. Dann folgt wieder ein Stück gut gangbarer Trail, heimliche Wiesen, kleine Bäche sind zu überqueren, und wieder tauchen wir in den Urwald ein. Noch schöner, wilder, romantischer ist es als in all den Jagdbeschreibungen, die ich gelesen habe. Wir durchqueren gerade wieder eine Pappeldickung und sehen den grünen Schimmer einer Wiese in der Ferne, einer ganz heimlichen und versteckten, die Heinrich aber gut kennt und wo er schon einige Male starke Bären gespürt hat.

Mein Herz schlägt schon etliche Takte schneller, und auch der Atem geht nicht mehr so ruhig, die Knie sind nicht mehr ganz so fest, und der Magen beginnt Purzelbäume zu schlagen. Es wollt' ein Jägerlein jagen! Aber nur nichts anmerken lassen und weiter, leise, ganz leise. Da bleibt mein Führer plötzlich stehen und zeigt nach vorne. Dort, auf der saftig grünen Wiese, ist ein Bär, und was für ein

Du alter, einsamer Baum am Wegesrand,
wie lange hältst du schon Wache hier?
Laß mich dich umarmen,
laß mich deine rauhe Rinde fühlen,
gib mir Kraft, Kraft von deiner Kraft,
laß mich trotzen den Stürmen des Lebens,
wie du ihnen standgehalten hast –
dich wohl gebogen und gekrümmt hast,
aber nie gebrochen bist.
Laß mich meine Arme zum Himmel strecken,
wie du deine Äste,
laß mich dir gleichen und hier –
hier in dieser Wildnis Wurzel schlagen.
In diesem Land voll Härte, Rauhheit und Schönheit,
in diesem Land, das ich über alles liebe,
in diesem Land, das mir Mut und Frieden gibt,
das mir Ausdauer und Stärke gibt,
den Weg meines Lebens zu beenden,
in Liebe und Demut und Dankbarkeit.

Verwitterte Bergföhre im Yukon

Grisly (siehe Seite 165)

Schwarzbär (siehe Seite 163)

Wer fürchtet sich vorm schwarzen Bären? – B. C.

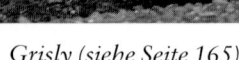

Meister! Ich muß dreimal schlucken und erkenne den schwarzen Riesen zwischen den Bäumen. Er liegt auf dem Bauch, alle Viere hat er von sich gestreckt und äst das zarte Grün. Jetzt muß es schnell gehen, meint Heinrich. Das weiß ich theoretisch aus der Literatur – aber praktisch?

Von meinem jetzigen Standort aus kann ich unmöglich schießen, auf 200 Meter zwischen den dichten Pappeln hindurch, auf einen der schwarzen Flecken, die zwischen den Bäumen aufschimmern – nein, oh nein, nicht ich! Also Schritt für Schritt weiter, den Rucksack langsam sinken lassen, aus den Stiefeln steigen, in Socken, leise, ganz leise, an einen relativ freistehenden Baum anstreichen. Aber zum Kuckuck, gerade jetzt liegen da tausend dürre Äste, raschelt dürres Laub, und die butterweichen Knie wollen versagen.

Da wirft der Bär auch schon auf; irgend etwas, wahrscheinlich uns, hat er gehört. Wie sagen die Indianer – der Adler sieht, der Hirsch riecht, aber der Bär hört dich! Steht in Bruchteilen von Sekunden auf den Branten und zieht in Richtung Wald, in unsere Richtung also, Gott sei Dank! Wir haben Augenwind und stehen auch auf einer kleinen Anhöhe über dem Bären, Witterung kann er noch keine von uns haben. Zum großen Glück führt ihn sein vertrauter Wechsel weiter in unsere Richtung. Schon habe ich ihn im Fadenkreuz des Absehens. Mein Guide, wie man hier den Jagdführer nennt, wird ganz zappelig und ungeduldig, „Schieß, schieß doch endlich, verdammt"... Ach, Heinrich, du kannst ja nicht wissen, was ich mir geschworen habe, damals bei bestandener Jagdprüfung. 1000prozentig will ich alles machen und ja kein krankgeschossenes oder gar verludertes Wild auf mein Gewissen laden. Der Schuß muß sitzen, optimal – wie heißt es ... ist die Kugel aus dem Lauf, hält sie auch kein Teufel auf!

Und darum warte ich noch, lasse den Bären näher und näher kommen, meine Nerven halten, es geht mir gut. 100 Schritt, 80 Schritt, da vor mir ist eine relativ große, V-förmige Öffnung zwischen den Bäumen, wenn er dort durchkommt, dann werde ich schießen, sonst nicht, alles liegt in St. Hubertus Händen.

Natürlich ist es falsch, den Anweisungen des Jagdführers nicht zu gehorchen, aber den Schuß muß ich verantworten, das ist nun ganz allein meine Entscheidung. Ich folge mit dem Gewehr dem schwarzen Körper, gehe dann etwas vor und warte direkt auf mein Opfer. Dann habe ich den Kopf im Visier und denke – jetzt? Nein, du bist noch zu grün und unerfahren für so einen schwierigen Schuß, warte, warte noch zwei Schritte und dann voll aufs Blatt. Und so habe ich es auch gemacht. Eine innere Stimme sagte mir „jetzt", und schon laß ich fliegen und kam wunderbar, etwas hochblatt ab.

Aber... was macht denn der Bär? Er zeigt keinerlei Reaktion, zuckt und ruckt nicht, zeichnet überhaupt nicht. Zieht weiter, als ob ihn kein Floh gebissen hätte. Ich schaue verwundert den Heinrich an, der schaut mich ganz erstaunt an, und ich verstehe die Welt nicht mehr. Ich war doch so drauf, so voll drauf, so einen Schuß kann man sich nur erträumen, was ist denn da passiert? Großwildschock, auch ich? Habe ich gemuckt, oder war ein Ast davor? Ich weiß nicht mehr, was ich denken soll.

Heinrich fragt, wo bist du denn abgekommen, und in meinem inneren Durcheinander sage ich statt Blatt „Pfote", und schon saust er los, um Schweiß zu finden. Aber nichts, gar nichts! Ich bleibe an Ort und Stelle, Heinrich geht nochmals zum Anschuß, findet aber keinerlei Anhaltspunkte für einen Treffer. Wir markieren meinen Standort und den Anschuß und beginnen mit der Nachsuche.

Es schaut ja alles plötzlich so gleich aus in diesem Urwald, ein Baum wie der andere, ein Strauch wie der andere! Mir sinkt das Herz tief, sehr tief. „Das war ein Bär, so ein Ballermann", sagt Heinrich und klingt traurig und verärgert. Warum spricht er denn schon in der Vergangenheit, denk ich mir. Verdammt, ich war doch so gut abgekommen, es war ja wirklich ein ordentlicher, sauberer Schuß. Meine .30–06 ist vielleicht für dieses Großwild etwas zu leicht, aber das so rasante Noßlergeschoß hat eine hervorragende Wirkung, daran sollte es also auch nicht scheitern. Großwild ist hier sehr, sehr hart im Nehmen, ein Elch in der Brunft kann mit elf Kugeln im Leib noch meilenweit gehen, ein Bär braucht oft fünf bis sechs Schuß, aber ich hatte leider nur Zeit für einen – oder hab' ich doch zu sehr mit dem Glück gespielt?

Manch kanadischer Guide würde jetzt das Handtuch werfen, sagen „shit, you missed" – und nach Hause fahren. Nicht wir, Jäger nach altem Brauch, wir fangen erst recht mit der Nachsuche an – ich bin mir so sicher, getroffen zu haben.

„Einmal hat er doch kurz gewankt, hast du das nicht auch gesehen?" frage ich Heinrich immer wieder, und sein erster Eindruck wäre ja auch gewesen, daß ich getroffen hätte. Wir suchen und suchen weiter; langsam aber finde ich mich damit ab, doch gefehlt zu haben, also doch Großwildschock, doch gemuckt im entscheidenden Augenblick – es wollt' ein Jägerlein jagen!

Aber da bleibt mein Class-A-Guide plötzlich stehen und schreit, „da liegt er ja, da liegt er ja!" Ich stehe in einer kleinen Senke etwa 50 Meter von ihm entfernt und sehe nichts, gar nichts, aber ich reagiere – und wie! Es beutelt mich plötzlich wie in einem Schüttelfrost, und ich habe große Mühe, die wenigen Schritte zu ihm hinaufzugehen. Und dann kann auch ich ihn liegen sehen. Ich hab' getroffen, ich hab' getroffen, geht es mir durchs Hirn, ein ums andere Mal, mehr denk' ich im Moment nicht. Heinrich wirft Stöckchen und Steinchen, schreit ihn an, stößt ihn dann mit dem Gewehrlauf an, aber er rührt sich nicht mehr! Jetzt, wenn er nochmals hoch würde, ich wäre unfähig, einen Schuß abzugeben; da müssen meine Nerven doch noch um einiges besser werden! Tot, mausetot ist er, ist schon verendend die letzten 100 Meter gezogen und sank dann in eine Mulde, daher konnten wir ihn nicht gleich finden. Eine riesige, schwarze Fellwalze, einer Lokomotive nicht unähnlich, liegt er hier vor mir auf dem braunen Laub, zwischen den hellglänzenden Pappelstämmen.

Meine kleine, überaus rasante Kugel (.30–06, 9,7 g Noßler partition) hat volle Wirkung gezeigt. Ein einziger Treffer vorne in die Kammer hatte genügt, sein Leben auszulöschen. Perfekt, 100prozentig! Das Waidmannsheil, der Bruch, der letzte Bissen, das Waidmannsdank, unauslöschlich brennen sich diese Momente in mein Gedächtnis. Heinrich gibt vor, einige Stangen zu schneiden für den Abtransport, um mich bei der Totenwache alleine zu lassen. Mein erstes Stück Großwild hier in den Wäldern hinter den Wäldern meines geliebten Kanadas. Ein Schuß, dem Herrn sei Dank, genau, präzise, so wie ich es mir vorstelle, so wie ich mir geschworen habe, es zu machen, oder es einfach ganz bleiben zu lassen!

Dann schlagen wir den Bären gemeinsam aus der Decke. Ich lasse mir das nie nehmen; auch diese Arbeit gehört zur Jagd, nur zu schießen und das Versorgen der Beute dann dem Jagdführer zu überlassen ist nicht meine Vorstellung von waidgerechtem Jagen. Viel Feist hat er noch unter der Decke gehabt, der alte Recke, den Winter hatte er gut überstanden. Das Haupt ist zerbissen und zerkratzt, ein Gehör halbiert – er war sichtlich ein Kämpfer und sicher Hauptbär in diesem Teil des Reviers. Aber mit der kleinen Jägerin aus Europa hat er nicht gerechnet, heute am 5. Mai 1988, einige Minuten nach 12.00 Uhr mittags. Sieben Fuß und einige Zoll war dann die Decke, makellos und seidenweich, eine wirklich hervorragende Beute, und es wird der einzige Schwarzbär sein, den ich erlege. Man soll sein Glück nicht überfordern!

Es war so ein traumhaftes Jagderlebnis, die Pürsch, zwar anstrengend und schweißtreibend, aber wunderschön, das Entdecken des Bären, der Anblick des vertraut Grasenden auf der grünen Wiese in warmer Mittagssonne, das spannende, erregende Angehen, das geduldige Warten auf den richtigen Augenblick für den sicheren Schuß, die Dankbarkeit ob des Gelingens des Erlegens – nein, es war einfach zu schön, um eine Wiederholung zu erfahren. Ich danke Dir, Heinrich, hier an dieser Stelle nochmals für dieses Erlebnis, Waidmannsdank aus tiefstem Herzen. Die Decke plus Haupt hat dann auch noch so an die 60 Kilogramm gewogen, und wir mußten sie über Stangen gebunden zum Auto tragen, in Hagelsturm und Schneetreiben, steil bergauf und bergab, eine Knochenarbeit, aber auch eine schöne für mich an diesem Tag.

Von Outfittern, Gästen, Guides und anderen Gestalten

Welch interessante, buntgewürfelte Schar von Menschen trifft sich jährlich bei den Treffen der Jagdveranstalter, die man hier Outfitter nennt. Vom alten wind- und wettergegerbten Trapper bis hin zum jungen, europäischen Stadtgesicht. Sie alle haben es sich auf ihre Fahnen geschrieben und zum Beruf gemacht, Jäger zu führen, zu Schuß zu bringen und dem Gast einen unvergeßlichen Urlaub zu gestalten.

Wenn man ein sogenanntes Outfit erwirbt, so kauft man damit das Jagdausübungsrecht, das Recht, als einziger in diesem Revier ausländische Gäste auf Jagd zu führen, das Land selbst gehört einem nicht. Die Reviergrößen sind für einen Europäer unvorstellbar, Tausende von Quadratkilometern, vergleichsweise so groß wie die Schweiz, die österreichischen Bundesländer Salzburg oder Tirol, die deutschen Länder Hessen oder Baden-Württemberg – Ausmaße also, die man sich kaum vorstellen kann. Es wird nie gelingen, in nur einem Leben, alle Ecken eines solchen Revieres kennenzulernen.

Seit einigen Jahren verlangt die Regierung Prüfungen für Jäger, aber auch für Jagdführer (Guides) und Class-A-Guides. Viele Outfitter, vor allem aus der jüngeren Generation, die sich neu eingekauft haben, arbeiten vorerst zwei Jahre als Assistent-guides bei dem Vorbesitzer, dann sind sie berechtigt, die Class-A-Guide-Prüfung abzulegen und selbst Helfer einzustellen. Aber so genau geht dies eben erst seit kurzer Zeit zu. Früher hat man ein Revier bzw. das Jagdausübungsrecht dafür käuflich erworben und mit dem Jagdbetrieb begonnen.

Entsprechend der Größe dieses Bereiches und seiner Wilddichte wird dem Outfitter dann – vor allem in Britisch-Kolumbien (abgekürzt B. C.) – ein Abschußplan vorgelegt. Das Wild wird in Planquadraten von Biologen aus der Luft gezählt, die dann eine Durchschnittsdichte des Wildbestandes je nach Biotop hochrechnen.

In B. C. darf zum Beispiel der einzelne Jagdgast pro Jahr folgendes Wild erlegen: 2 Schwarzbären, 1 Elch, 1 Maultierhirsch, 1 Schneeziege, 10 Wölfe. Grislys unterliegen einer strengeren Schonung und werden pro Revier freigegeben, meistens nur zwei bis fünf pro Jahr, manches Mal auch nur einer jedes zweite Jahr! Nach Anzahl der zum Abschuß freigegebenen Wildarten richtet sich dann auch die Anzahl der Gäste, die man aufnehmen kann – ein ungeschriebenes Gesetz hier, daß man keinen Elch dreimal verkaufen wird!

Leider stößt die reine Trophäenjagd, wie sie ja von den Europäern betrieben wird, in manchen Bevölkerungsschichten auf Unwillen und Nichtverstehen, aber mit zunehmendem Tourismus und dem guten Geld, das diese Gäste ins Land, ins Dorf bringen, legen sich die Aversionen.

Und da wären wir dann auch schon bei den Gästen, bei Heinrich z. B. waren es ausschließlich Europäer, im Yukon kamen sie auch aus allen Ecken der Vereinigten Staaten und der „restlichen Welt"!

Jeder Kanadier über 18 Jahre mit einem Jagdschein (der für ihn erst seit etwa fünf Jahren gesetzlich vorgeschrieben ist) darf zur Jagd; die Indianer dürfen sowieso immer jagen, für ihr Jagen gilt nicht einmal eine Schonzeitregelung. Anders ist dies für den Jagdgast. Bevor er jagen darf, muß er sich eine allgemeine Jagdlizenz besorgen und dann jeweils für das zu bejagende Wild eine besondere Abschußgenehmigung („tag" wie die Kanadier dies nennen). Der Outfitter muß über seine Gäste genau Buch führen und der Regierung später anhand des Buches berichten, wie viele Gäste welches Wild erbeutet haben, die sog. Guide reports. Sehr viel Papierkrieg ist doch notwendig, um dem Wildern Einhalt zu gebieten. Trotzdem kommt es immer wieder vor, daß selbst namhafte Outfitter und Guides meinen, nach eigenen Gesetzen leben und wirken zu können – besonders wenn das Revier weit ab von der Zivilisation liegt. Aber Kontrollen sind allgegenwärtig, die Strafen rigoros und sehr streng. Das ist gut und wichtig und richtig. Ohne Ansehen der Person wurde im vergangenen Jahr einem „sehr großen Mann" sein Outfit ersatzlos von der Regierung weggenommen. Man war dahintergekommen, daß er in einem angrenzenden Naturschutzgebiet gewildert, das Wildbret nicht geborgen und Gästen, die einen Elch mit geringerer Trophäe erbeuteten, einen zweiten Abschuß erlaubt hatte, das zu geringe Haupt einfach in den See versenkte und nur die bessere Trophäe behielt. So darf es eben nicht sein. Der Ruf aller steht auf dem Spiel!

Welch interessanten Menschen, herrliche Charaktere finde ich auch unter meinen Gästen, aus allen Berufsschichten, Gesellschaftsklassen, aus allen Ecken der Welt zieht es sie zur Jagd nach Kanada. Für manch einen ist es nur schnell eine Jagd zum „Drüberstreuen", weil er nicht weiß, wohin mit seinem Reichtum, für manch einen aber ist es die Erfüllung seines Jägertraumes, auf die er jahrelang hat sparen müssen.

Und wie groß ist das Erstaunen bei allen, wenn tief im Busch von B. C. oder am einsamen See im Yukon plötzlich heimatliche Töne erklingen: „Grüß Gott, i bin die Heide aus Österreich", da fühlen sie sich dann gleich wie zu Hause in Mutters Küche – und so möchte ich es haben!

Durch meine Ausbildung als Reiseleiterin habe ich gelernt, die Menschentypen schnell zu erkennen, sie in Schwierige, Problemlose, Gute und sehr Gute einzuordnen. Ich stelle mich auch sehr schnell auf die verschiedenen Gruppen ein und bin gern bereit, kleine Sonderwünsche zu erfüllen, merke mir Eigenheiten und unausgesprochene Bitten. Hugo mag eben auch im tiefen Busch sein Marmeladenbrot nicht vom selben Teller essen wie seine Spiegeleier, was macht es mir da schon aus, ihm einen zweiten Teller hinzustellen? Hermann hat nicht gegessen, wenn ihm ein Stück Kuchen als Abschlußdeckel in seinem Magen fehlt; Heiner verträgt keine rohen Zwiebeln, und Erich mag weder Reis noch Nudeln, also sind immer Kartoffeln für ihn da. Joe möchte gern ein Glas Wasser für seine Vitamine und einen Löffel Honig zum Frühstück, aber bitte sehr, kein Problem! Wenn jemand aus gesundheitlichen Gründen eine Diät halten muß, so ist es für mich eine Selbstverständlichkeit, darauf Rücksicht zu nehmen – aber es muß mir gesagt werden. Nur einem einzigen Gast konnte ich bisher seine Wünsche nicht erfüllen: Herbert kam Mitte Oktober mit seinem Freund zur Grislyjagd und meinte allen Ernstes, nun würden wir ihm täglich frischen Lachs servieren. Zu dieser Jahreszeit, so weit weg von der Küste! Langes Palaver hat es gebraucht, um ihm die Unmöglichkeit dieser Ansprüche klarzumachen. Meine Campküche hat ihm dann aber doch ausgezeichnet geschmeckt, und er mußte – in nur zehn Tagen – seinen Hosenriemen um drei Löcher weiter schnallen.

Allen Menschen recht getan, ist eine Kunst, die niemand kann – aber ich versuche, so nahe wie nur irgendwie möglich an dieses Ziel heranzukommen und mich von Jahr zu Jahr zu verbessern! Manches Mal ist der Alkohol hier im Norden allgemein und bei der Jagd im besonderen ein wirkliches Problem. Natürlich gehört es einfach dazu, daß ein Waidmannsheil begossen oder einfach auch ein „Trinkopfer" gebracht wird, wenn das Wetter schlecht ist und nichts so richtig läuft. Aber Gäste, die tagtäglich ihren Vollrausch haben, nur weil sie glauben, daß dies einfach für einen richtigen Buschurlaub Pflicht sei, die sehen wir nicht so besonders gerne. Stellen sie doch für Partner und Guides eine Gefahr und Beeinträchtigung des Camplebens dar. Da ist es sogar einmal vorgekommen, daß wir einen sehr honorigen Herrn in die nächste Maschine nach Europa setzen mußten, weil er Nacht für Nacht im Rausch in der Schlaf-Cabin Schießübungen veranstalten wollte, seinen Schlafsack täglich aufs Schlimmste beschmutzte – da nützen dann alle Titel und Würden nichts! Natürlich kann so ein Gast auch den Ruf eines Outfitters schädigen, denn den wahren Grund seiner Abreise wird er nie zugeben – da muß man eben abwägen, was mehr Schaden anrichten kann.

Und mit von der Partie sind natürlich die Jagdführer in so einem Jagdcamp. Von ihnen hängt das Glück und manches Mal ja auch das Leben des Gastes ab. Alte, erfahrene Menschen, wie unsere Indianerguides, waren es, die zuallererst einmal uns in die Schule nahmen und durch Wochen mit uns pürschten, uns alle wichtigen Anhaltspunkte – Scheuerbäume, Plätzstellen, Brunftkuhlen etc. – zeigten. Mit diesen zu jagen ist für den Gast ein besonderes Vergnügen, aber auch die anderen Mannen verstehen ihr Handwerk, bringen das nötige Können, die Geduld und Ausdauer mit und vor allem ein Gespür für den Menschen, den sie zu führen haben. Das ist außerordentlich wichtig – wie in einer Ehe, so muß man sich für diese Tage auf den Partner einstellen, zuhören können, mitfühlen können, dann aber auch wieder unnachgiebig sein und ein bisserl Druck ausüben, wenn zu tief ins Glas und zu wenig nach Wild geschaut wird!

Marvin, Fred, Jürgen, Pius, Stefan, wie sie alle heißen, meine „Söhne", sind aber nur Menschen wie du und ich, haben ihre guten und schlechten Tage. Der Gast ist zehn, maximal 15 Tage hier, der Guide ist acht bis zehn Wochen durchgehend im Einsatz. Die Tage sind endlos lang, aber die Burschen sind mit Begeisterung bei ihrer Arbeit, genießen auch das Dasein, trotz der großen Anstrengungen. Der Erfolg von einem ist ein Erfolg für alle. Natürlich haben sie alle ihre liebenswürdigen Mucken und Eigenheiten, die der Gast tolerieren sollte, der Guide ist Mensch, will als solcher gesehen und behandelt werden, das Jahrhundert der Sklaverei ist vorbei. Leider gibt es ab und zu Gäste, die meinen, für ihre Dollars alles, aber auch wirklich alles kaufen zu können. Unsere Arbeit, unser Service, unser Wissen, unsere Erfahrungen, das alles ist mehr oder weniger käuflich, nicht aber der Mensch!

Stefan ist einer, der sehr gerne ins Philosophieren kommt, Gott und die Welt anzweifelt, sich halt selber gerne reden hört, dabei aber wie kein zweiter auf kritische, launenhafte Kunden eingehen kann, er macht's mit „Schmäh", wie wir in Österreich sagen. Der Jürgen dagegen ist ein Knurrhahn, dem selten ein Lächeln entweicht, der das Wort „Witz" nicht in seinem Vokabular hat, aber stunden- und tagelang pürschen und marschieren kann. Fred mimt gern den Big Boss, reitet am liebsten, hält vom Gehen und Steigen nicht so viel, hat überall ein Kartenspiel eingesteckt und pokert für sein Leben gern. Pius dagegen fährt am liebsten nur mit dem Auto, seine Elche und Bären würde er gerne gleich vom Straßenrand auf die Ladefläche hieven, und ohne seinen dreistündigen Mittagsschlaf kommt er selten aus. Bob wiederum hat es gar nicht mit dem Wasser. Waschen, duschen, oh, nein; er stinkt lieber wie ein Iltis und sehr, sehr oft passiert es dann, daß er am Landungssteg in eine kleine Stoßerei verwickelt wird und „irrtümlich" mit samt seinem Seesack im Wasser landet – anschließend ist er gerne bereit (weil ohnehin schon naß) ein Bad zu nehmen und seine Sachen zu waschen. Ein bisserl helf' ich überall nach, wenn's nicht mehr anders geht! Ich weiß nicht, ob unsere Gäste wirklich stinkende, zottelige Jagdführer lieben – bloß weil's im Busch so üblich sein soll? Wir sind ja keine Wilden!

Marvin, unser Häuptling dagegen, ist ein Muster an Ruhe und Toleranz, aber stille Wasserl sind tief, und so hat gleich am zweiten Abend jeder Gast einen treffenden, lustigen Spitznamen weg – Hans mit der großen Glatze wird zum „clearcut"; Alois, der nur schlafend im Auto spazieren fahren will, ist „taxi"; Erich, von Beruf Fleischermeister mit rosigen, festen Wangen, wird zum „sausage"; Harald, klein und schmächtig, auf leisen Sohlen pürschend zu „tender foot", Josef mit Vollbart und schulterlanger Mähne zum „dwarf" – und wir alle machen uns einen Spaß daraus, herauszufinden, wer mit welchem „nickname" gemeint sein könnte.

„trouble shooter" ist nicht nur ein hochprozentiges Getränk, sondern so nennen wir all unsere Waidmänner, denen wir Wild vorgeführt haben und die dieses ein- oder mehrere Male vorbei- oder leider auch krankgeschossen haben. Wir wissen alle um das Problem des „Großwildschockes", alle Gäste müssen einige Probeschüsse abgeben, bevor sie ins Revier entlassen werden, aber leider, leider passiert es so oft, daß beim Schießen gemuckt wird.

Vielleicht ein etwas heikles Thema, das ich jetzt ansprechen will, aber ich glaube, auch das sollte gesagt werden. Warum geht man nicht vor dem Antritt so einer Jagdreise zum Schießstand und übt, übt, übt – stehend freihändig, stehend angestrichen?! Wenn man schon so viel Geld für eine Reise ausgibt, dann sollte es doch daran nicht scheitern. Und zweitens, wäre es nicht doch gut, wenn man sich überlegen würde, daß der Guide nach dem dritten Fehlschuß gleich mitschießt und „helfend eingreift"? Viele Outfitter schreiben in den Bedingungen, daß vorgeführtes und beschossenes Großwild, auch wenn es nicht liegt, sich verdrückt und wahrscheinlich nie wieder gefunden wird, als erlegt gilt und somit die Leistungen erfüllt wurden. Und wieviel verludertes Wild würde uns erspart bleiben, wenn hier nicht nur an den waidmännischen Stolz, manchmal gar an Hochmut grenzend, gedacht würde!

Es ist auch vorgekommen, daß der Gast dem Guide ein dickes Trinkgeld schmiert und von ihm verlangt, eine passende Trophäe zu suchen und zu erbeuten. Er, der Gast, würde viel lieber zu Hause im Camp bleiben, bei Bier und Schnaps, aber ohne Trophäe könne er nicht nach Hause kommen. Es gibt auch bei der Jagd nichts, was es nicht doch gibt! Und gerade die großen Sprücheklopfer an den heimatlichen Stammtischen sollte man genauer beobachten und ihr Latein genauer durchleuchten. Uns könnte es ja im Grunde genommen egal sein, wie der Gast seinen Urlaub verbringen will, wenn er nur bezahlt. Aber es ist uns eben bei Gott nicht egal, wir wollen mit allen diesen eigenartigen Anbietern nicht in einen Topf geworfen werden, die solche Praktiken akzeptieren oder gar für gut heißen.

„We love the hunters, not the shooters" – hat Marvin auf ein Schild gemalt, in meinem Küchenhaus in Burns Lake montiert und uns allen damit aus der Seele gesprochen.

Mitunter wird natürlich der seelische Druck für Gast und Jagdführer sehr, sehr groß, wenn nämlich die Tage vergehen, nichts zusammenpaßt und auch das Wetter noch verrückt spielt; keiner will doch als „Schneider" nach Hause fahren. Da kann es sogar vorkommen; daß beim Ansprechen von Wild Fehler unterlaufen;

schließlich liegt zwar der Schwarzbär nach gutem Schuß, aber keine 50 Meter weiter weinen auf einem Baum zwei kleine Bärchen um ihre Mutter. Kann passieren, wer ist schon fehlerlos? Mich persönlich trifft so ein Versehen dann immer ganz tief, und es tut mir wahnsinnig weh, aber zu ändern ist es nicht mehr, und gottlob kommt es äußerst selten vor. Wenn sich dann aber der stolze Waidmann mit seiner „Strecke" auch noch fotografieren läßt, Bärin und Jungbären in einer Reihe aufgelegt, dann verstehe ich die Welt nicht mehr. Sind wir Menschen wirklich die schlimmsten Raubtiere? Und zwei weitere Jagdgäste können als Schneider nach Hause fahren, aber die Statistik stimmt, der Abschuß ist 100prozentig erfüllt, der Druck vom Outfitter ist auch weg, oder?

Nicht unerwähnt bleiben können bei diesem Überblick die Piloten und die Wrangler – also die Pferdebetreuer –, ohne die ein reibungsloser Ablauf einer Jagd, vor allem im Yukon, nicht denkbar wäre. Sie sind schon Teufelskerle, diese Buschpiloten. Ohne Radarhilfe, nur auf Sicht (falls solche vorhanden ist!) fliegen sie unsere Gäste in und aus den Jagdlagern, bringen Lebensmittel und Ausrüstung, fliegen die Trophäen aus und sind praktisch Tag und Nacht für uns über Funk erreichbar. Aber auch sie haben ihr Latein, wie Jäger und Fischer, und nicht jeder ist schon durch ein Scheunentor geflogen oder hat in einem besonders engen Flußtal einen Looping gedreht. Doch auch so ist ihr Leben reich an Abenteuern, beanspruchen sie die Schutzengel mehr als ein normaler Sterblicher. Gelandet wird fast überall, Wiesen, alte Fahrwege, kleine Gebirgsseen, Flußläufe, Almmatten hoch in den Bergen, wenn sie nur halbwegs eben und ohne große Felsen sind.

Das Wetter?! Nun es gibt sicherlich Tage, an denen so ein kleines Buschflugzeug absolut nicht aufsteigen kann, aber die sind eher selten, und jede kurze Wetterberuhigung wird ausgenützt, um den Gast ins gewünschte Camp zu fliegen oder von dort abzuholen. Gut kann ich mich noch daran erinnern, wie Carl, einer unserer Nachbarn, über Funk seinem Piloten an einem kleinen Gebirgssee Anweisung zur Landung gegeben hat: Die Wolken hingen schwer und dick über den Bergen, aber die Gäste mußten ihren Flug nach Europa erreichen; so wurde ein Anflug gewagt, auch wenn schwierigste Bedingungen herrschten. Carl wies den Piloten fast meterweise ein, damit dieser durch die vorhandenen Fenster in den Wolken zur Landung ansetzen konnte. Erst einmal unterhalb der Wolkenbänke, gab's keine Probleme mehr, oberhalb ja auch nicht, aber beim Durchstechen durch dieses Polster, da kann es schon kritisch werden!

Ich liebe das Fliegen. Es gibt für mich nichts Schöneres, als stundenlang über die endlosen Täler und Seenplatten, über Berge und Gipfel zu fliegen, nahe an die Felswände heran, nahe an die Baumwipfel heran, zwar nicht lautlos, aber doch schwerelos über meine geliebte Wildnis hinzugleiten. Abends darf es zwar kein Bier mehr geben, zum Frühstück keinen Kaffee, denn eine kleine Zwischenlandung ist nicht möglich – aber was macht das schon aus!

Unsere Wrangler, zur Betreuung der Pferde in jedem Camp im Yukon angeheuert, sind das letzte Glied in einer Kette von Menschen, die notwendig sind, um einen reibungslosen Ablauf einer Jagd zu bewerkstelligen. Ihrer Wachsamkeit und Umsicht obliegt es, daß die Pferde sich trotz gehobbelter Vorderbeine nicht zu weit vom Camp davonmachen, ein stundenlanges Suchen und wieder Hereintreiben würde oft einen verlorenen Tag für den Gast bedeuten, was nicht sein darf.

So haben wir alle unsere Aufgaben und Pflichten, keine ist geringer oder weniger wert! Nur ein „gutgeschmiertes" Team garantiert reibungslose Zusammenarbeit für eine gute Jagd, für einen zufriedenstellenden Aufenthalt des Gastes. Wir werden zur großen Familie in diesen Wochen der Saison, trennen uns im Herbst mit einer gewissen Wehmut voneinander, wissen wir doch nicht, ob uns auch das nächste Jahr wieder zusammenführen wird. Aber so ist das Leben, Garantien gibt es für nichts und niemanden! Gerade wir Menschen draußen im Busch und in der Wildnis wissen und akzeptieren das voll – jeder Tag wird so gelebt, als wenn es der letzte wäre; und man ist dankbar für jeden neuen Morgen!

Strudel mit Mais und Pilzfüllung

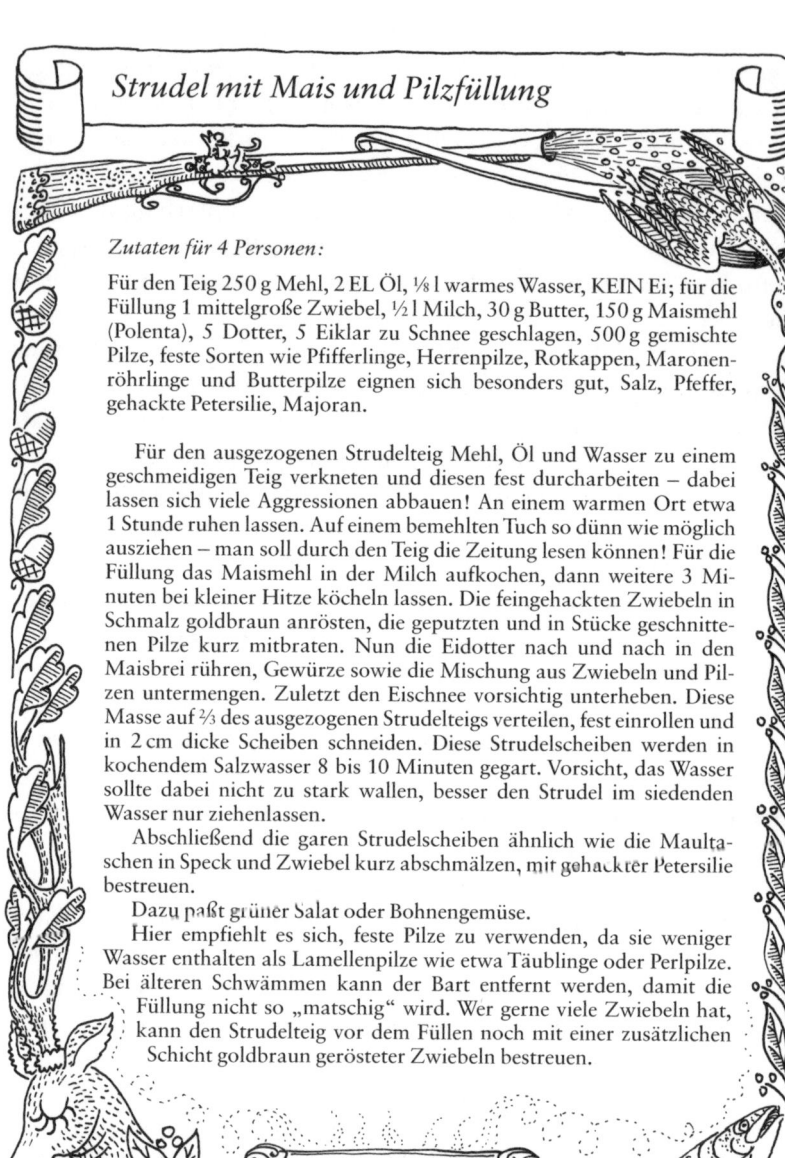

Zutaten für 4 Personen:
Für den Teig 250 g Mehl, 2 EL Öl, ⅛ l warmes Wasser, KEIN Ei; für die Füllung 1 mittelgroße Zwiebel, ½ l Milch, 30 g Butter, 150 g Maismehl (Polenta), 5 Dotter, 5 Eiklar zu Schnee geschlagen, 500 g gemischte Pilze, feste Sorten wie Pfifferlinge, Herrenpilze, Rotkappen, Maronenröhrlinge und Butterpilze eignen sich besonders gut, Salz, Pfeffer, gehackte Petersilie, Majoran.

Für den ausgezogenen Strudelteig Mehl, Öl und Wasser zu einem geschmeidigen Teig verkneten und diesen fest durcharbeiten – dabei lassen sich viele Aggressionen abbauen! An einem warmen Ort etwa 1 Stunde ruhen lassen. Auf einem bemehlten Tuch so dünn wie möglich ausziehen – man soll durch den Teig die Zeitung lesen können! Für die Füllung das Maismehl in der Milch aufkochen, dann weitere 3 Minuten bei kleiner Hitze köcheln lassen. Die feingehackten Zwiebeln in Schmalz goldbraun anrösten, die geputzten und in Stücke geschnittenen Pilze kurz mitbraten. Nun die Eidotter nach und nach in den Maisbrei rühren, Gewürze sowie die Mischung aus Zwiebeln und Pilzen untermengen. Zuletzt den Eischnee vorsichtig unterheben. Diese Masse auf ⅔ des ausgezogenen Strudelteigs verteilen, fest einrollen und in 2 cm dicke Scheiben schneiden. Diese Strudelscheiben werden in kochendem Salzwasser 8 bis 10 Minuten gegart. Vorsicht, das Wasser sollte dabei nicht zu stark wallen, besser den Strudel im siedenden Wasser nur ziehenlassen.
Abschließend die garen Strudelscheiben ähnlich wie die Maultaschen in Speck und Zwiebel kurz abschmälzen, mit gehackter Petersilie bestreuen.
Dazu paßt grüner Salat oder Bohnengemüse.
Hier empfiehlt es sich, feste Pilze zu verwenden, da sie weniger Wasser enthalten als Lamellenpilze wie etwa Täublinge oder Perlpilze. Bei älteren Schwämmen kann der Bart entfernt werden, damit die Füllung nicht so „matschig" wird. Wer gerne viele Zwiebeln hat, kann den Strudelteig vor dem Füllen noch mit einer zusätzlichen Schicht goldbraun gerösteter Zwiebeln bestreuen.

Sunnyboy

Eines Tages schneit er uns ins Haus, der liebe, lustige Bertl, Sunnyboy und Liebling aller anwesenden (auch der abwesenden) Frauen, kam als Frühjahrsbärenjäger und wollte gar nicht schießen! Sowohl konditionell als auch von der ethischen Einstellung zur Jagd kann man sich solche Gäste nicht besser wünschen. Wir lieben die Jäger, die echten – aber nicht die Schießer, die mit der Stoppuhr in der Hand ankommen und meinen, weil sie viel Geld bezahlt und nur drei Tage Zeit haben, daß irgendwo ein Bär oder Elch angebunden sei – wie im Gatter stehe – und nur darauf warte, von ihm jetzt abgeknallt zu werden! Diese Typen gibt's auch, sie sind auch Gäste, werden als solche anständig behandelt, aber mögen, mögen tun wir sie nicht sehr!

Nun aber der Bertl, der war da überhaupt ein Sonderfall! Mit seinem Charme bezauberte er nicht nur alle anderen Gäste, den Hausherren und die Jagdführer, nein, auch die gesamte Tierwelt Britisch-Kolumbiens lag ihm zu Füßen. So früh und trüb konnte ein Tag gar nicht beginnen, daß er nicht mit seinem strahlenden Zahnpasta-Lächeln und dem verschmitzten Zwinkern in den haselnußbraunen Augen alle Katerfalten in Lachfältchen verwandelte. Und wie er duftet, der Bertl! Alle himmlischen Gerüche des Orients sind nichts und kommen nicht an gegen Bertls alles betörenden Duft. Trug er sein Haar „offen", so konnte der Wind frei durch seine 5 cm lange Mähne streichen, das fand er besonders toll und aufregend!

Anblick hatte der Mann, Anblick, daß alle anderen Gäste sogar neidisch wurden und jeden Abend die große Frage war: Was hat der Bertl wohl heute wieder alles gesehen? Von der Grislyfamilie über jede Größe und Farbnuance von Schwarzbären, Wolf, Kojote,

Elchtier mit Kalb, die Hirsche mit ihren gerade daumenhoch über die Schädeldecke schauenden Bastknöpfen, Luchs, Stinktier und Stachelschwein, Hirsch und Biber, es gab nichts, was er in diesen zehn Tagen nicht vor Augen hatte. Er hätte auch mehrmals zu Schuß kommen können, doch er wollte nicht. Der Probeschuß versetzte ihm gleich einen derben Schmiß oberhalb des rechten Auges; dies war sein allererster Jagdurlaub, da wollte er einfach nur erleben, sehen und genießen. Vielleicht weil er nicht verkrampft und verbissen, ja grimmig hinter einer Trophäe her war, hat das Umfeld gestimmt, und das Wild ließ sich blicken, oder aber es war sein atemberaubender Duft, der all seine menschlichen Ausdünstungen überdeckte und das Wild im wahrsten Sinn an der Nase herumführte! Was es auch immer gewesen ist, er will wiederkommen und war überglücklich und dankbar für die gute Zeit, die er in unserem Camp verbracht hatte.

Solche Gäste kann sich ein Outfitter nur wünschen, und wenn er wirklich wiederkommt, dann muß er mir die Marke seines Rasierwassers verraten, denn ich möchte auch noch gerne einige Wildarten beobachten, die er schon sah, die ich aber noch nicht gesehen habe!

Naturschnitzel vom Hirsch, Nockerl und Rahmmorcheln

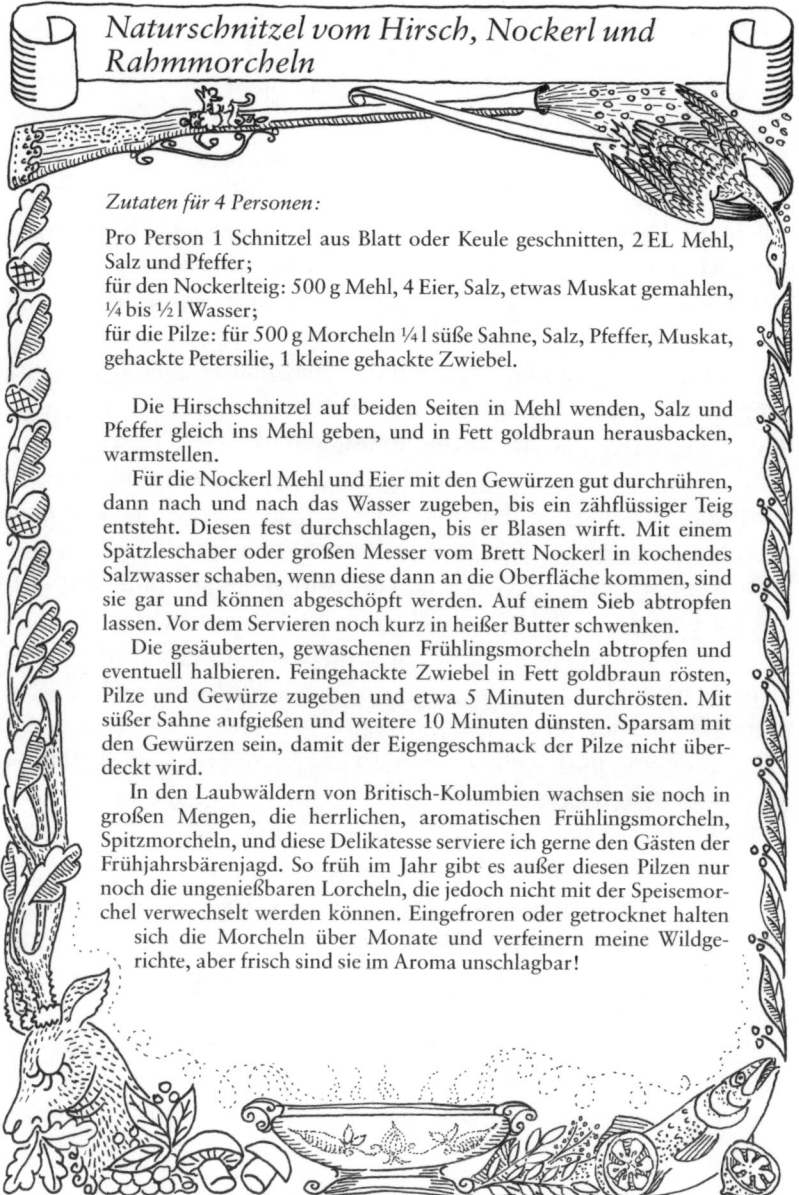

Zutaten für 4 Personen:

Pro Person 1 Schnitzel aus Blatt oder Keule geschnitten, 2 EL Mehl, Salz und Pfeffer;
für den Nockerlteig: 500 g Mehl, 4 Eier, Salz, etwas Muskat gemahlen, ¼ bis ½ l Wasser;
für die Pilze: für 500 g Morcheln ¼ l süße Sahne, Salz, Pfeffer, Muskat, gehackte Petersilie, 1 kleine gehackte Zwiebel.

Die Hirschschnitzel auf beiden Seiten in Mehl wenden, Salz und Pfeffer gleich ins Mehl geben, und in Fett goldbraun herausbacken, warmstellen.

Für die Nockerl Mehl und Eier mit den Gewürzen gut durchrühren, dann nach und nach das Wasser zugeben, bis ein zähflüssiger Teig entsteht. Diesen fest durchschlagen, bis er Blasen wirft. Mit einem Spätzleschaber oder großen Messer vom Brett Nockerl in kochendes Salzwasser schaben, wenn diese dann an die Oberfläche kommen, sind sie gar und können abgeschöpft werden. Auf einem Sieb abtropfen lassen. Vor dem Servieren noch kurz in heißer Butter schwenken.

Die gesäuberten, gewaschenen Frühlingsmorcheln abtropfen und eventuell halbieren. Feingehackte Zwiebel in Fett goldbraun rösten, Pilze und Gewürze zugeben und etwa 5 Minuten durchrösten. Mit süßer Sahne aufgießen und weitere 10 Minuten dünsten. Sparsam mit den Gewürzen sein, damit der Eigengeschmack der Pilze nicht überdeckt wird.

In den Laubwäldern von Britisch-Kolumbien wachsen sie noch in großen Mengen, die herrlichen, aromatischen Frühlingsmorcheln, Spitzmorcheln, und diese Delikatesse serviere ich gerne den Gästen der Frühjahrsbärenjagd. So früh im Jahr gibt es außer diesen Pilzen nur noch die ungenießbaren Lorcheln, die jedoch nicht mit der Speisemorchel verwechselt werden können. Eingefroren oder getrocknet halten sich die Morcheln über Monate und verfeinern meine Wildgerichte, aber frisch sind sie im Aroma unschlagbar!

Bären sind nicht ohne

Nicht um Haares-, sondern um Krallenbreite entgingen heute unser Gast Michael und Guide Marvin einer Bärenattacke. Die erste in all den Jahren, in denen Heinrich als Jagdveranstalter nun schon tätig ist.

Michael, mit Frau Gudrun von der Waterkant angereist, buchte eine Grislyjagd und Einzelführung mit Marvin, unserem „Indianerhäuptling", der bereits an die dreißigmal auf Grislys erfolgreich geführt hat. Voraussetzung für die Jagd auf diesen letzten Giganten, den Urherrscher dieser Wälder Kanadas, ist eine sehr gute Kondition, absolutes Vertrauen zum Gewehr und Beherrschen desselben im Schlaf! Der Grisly ist ein Kulturflüchter und zieht sich immer weiter und tiefer in die Berge zurück. Seine Bejagung erfordert aber vor allem Geduld und nochmals Geduld. Besonders begehrt ist die Decke eines „silvertips", einem meist mittelbraunen Bären mit Grannenhaaren, deren weiße Spitzen den Bären bei jeder Bewegung wie pures Silber schimmern lassen. Von diesen „silvertips" gibt es in unserem Revier eine gute Anzahl.

In den Bergen jenseits des Babine Lake, mit seinen 200 Kilometern der längste und größte See in unserem Revier, jagten Michael und Marvin nun schon seit Tagen auf den Ursus horribilis. Die Spuren eines sehr starken Bären fanden sie bald, Schlafplätze, Losungsplätze, Scheuerbäume – die Spuren der Krallen beginnen erst zwei bis drei Meter über dem Boden, in dieser Höhe zerfetzt er die Rinde. Aus der Borke der Scheuerbäume ziehen sie lange, weißspitzige Haare, die er sich von Rücken und Bauch gescheuert hat. Zweimal waren sie dem Bären schon so nahe, daß sie ihn riechen konnten, aber immer blieb er unsichtbar. Morgen, vielleicht klappt es ja morgen? Und morgen war heute und wäre für die beiden fast der letzte Jagdtag, ja im schlimmsten Fall der letzte Tag ihres Erdendaseins überhaupt geworden: Zeitig in der Früh brachen sie auf, setzten noch in der Dunkelheit mit dem starken Boot über den See. Marvin kennt auch bei Nacht und Nebel jeden Weg und Steg, und als es heller wurde, waren sie schon hoch in den aperen, saftiggrünen Hängen auf der Südseite des Babine Lake, im Frühling die bevorzugten Äsungsstellen der Bären. Der Winterschlaf hat alle Fettreserven aufgebraucht, nun suchen sie Wärme, Sonne und das erste Grün. Sie äsen am liebsten Knospen und Blätter des Löwenzahnes, der mit seinen Bitterstoffen die Verdauung wieder in Schwung bringt, aber auch Schachtelhalm, Weidenröschen und Stinkkohl werden gerne genommen.

Michael und Marvin machten an einem kleinen See ihre Mittagsrast, und während Michl noch genüßlich an seinem Brot kaute und Kaffee dazu trank, richtete sich Marvin für einen kleinen Erkundungsgang her. Erst wollte er sogar ohne Waffe losgehen, kehrte dann aber doch wieder um und holte sich sein Gewehr. War das eine Vorahnung? Einige Minuten darauf fallen in rascher Folge zwei Schüsse! Michael springt auf, greift sich auch sein Gewehr und eilt hinter Marvin her. Nach wenigen Metern trifft er auf ihn, leichenblaß, am ganzen Körper zitternd – er, der Indianer, dem man sonst keinerlei Gemütsregung ansehen kann! Keine 30 cm von Marvins rechtem Bein entfernt endet die Vorderpranke eines riesigen, uralten Schwarzbären. Das war aber knapp, verdammt knappt sogar!

Was war geschehen? Auf seinem Erkundungsgang und um eben mal schnell auszutreten, hat Marvin den am Ufer schlafenden Bären nicht sofort bemerkt und diesen aufgeschreckt. Keine fünf Meter vor ihm wurde dieser hoch, stellte sich auf die Hinterläufe, um zu erkunden, was da los sei. Marvin war weit innerhalb seiner Toleranzgrenze, und ein Angriff hätte nicht ausbleiben können. Mit zwei reflexartig abgegebenen Schüssen aus der Hüfte, die in Haupt und Hals trafen, kam Marvin dem Angriff zuvor. Das rettete nicht nur sein, sondern wahrscheinlich auch das Leben des Gastes.

Der Bär fühlte sich überrumpelt, in die Enge getrieben, eine Flucht wäre nur durch den See möglich gewesen, Angriff also die einzige Verteidigung, denn der Schwarzbär ist ein absoluter Killer. Das sind Situationen, in denen es gilt, ruhige Nerven zu bewahren und eiskalt zu handeln, in denen ein erfahrener Guide unbezahlbar ist!

Solche Erlebnisse machen uns dann bewußt, wie sehr wir mit der Gefahr leben, die Angst sitzt ständig im Nacken – oder doch nicht! Wie schnell und unberechenbar ein Bär annehmen kann, wissen wir alle, und wir sind dessen auch stets eingedenk – und diese spezielle Situation hier war gegeben durch das Auflaufen auf den ahnungslosen Bären. Die Bannmeile eines Schwarzbären in freier Wildbahn liegt zwischen 100 und 200 Metern, das gibt ihm bei einem Kontakt mit Menschen immer noch die Möglichkeit, umzudrehen und abzuhauen – das ist seine natürliche Reaktion.

Wir leben hier mit den Bären, sie sind rund ums Haus und in den Camps allgegenwärtig. Oft fragen mich die Gäste, ob ich denn keine Angst habe, so allein meine Pilze und Beeren zu suchen, so allein den ganzen Tag im Camp zu leben? Natürlich hab' ich Angst, nur ganz dumme Menschen haben keine, aber meine Angst ist nicht panisch, sie läßt mich nur vorsichtiger und umsichtiger handeln. Ich gehe nie ohne Waffe in den Wald, mache auch meistens einen unwaidmännischen Lärm, wenn ich alleine unterwegs bin, singe, pfeife, schlage mit dem Messer an meine Blecheimer beim Beerenpflücken. Trotzdem ist die Gefahr, in Europa unter ein Auto zu kommen, 10000mal größer, als hier im nördlichen Britisch-Kolumbien von einem Bären angegriffen zu werden – aber Vorsicht ist immer am Platz.

Sorglosigkeit und Schlamperei provozieren die meisten Unfälle mit Bären. Ich darf meinen Müll eben nicht gerade nur vor die Haustüre stellen, muß ihn gut verpacken und gleich wegfahren. Essensreste dürfen nicht einfach im Camp herumliegen oder -stehen, das alles würde die Bären auffordern zu kommen. Beim Zelten werden die Lebensmittel an einen entfernten Baum gehängt, die

Kochstelle habe ich abseits von den Schlafplätzen. Geschirr wird sofort gesäubert. Man lernt sehr schnell, daß Disziplin und Ordnung auch im kanadischen Busch – oder gerade dort – zur Überlebensformel Nr. 1 wird. Und leben, überleben, will ich hier in dieser Wildnis, also ist es mir oberste Pflicht, diese Gebote rigoros einzuhalten. Das ist auch der zwingende Grund dafür, daß auf größeren Rastplätzen in Nordamerika die Abfallbehälter aus gediegenem Stahlblech und mithin so stabil sind, daß sie auch Bärenattacken widerstehen können.

Bärenschmalz als Brotaufstrich

Bevor der Bär im Herbst in seine Höhle geht, hat er sich einen dicken, dicken Vorrat an Speck zugelegt. Dieses Fett läßt sich wunderbar zum Kochen und Backen verwenden. Tortenböden, Kekse werden mürbe wie mit keinem anderen Fett.

Die Fettseiten, vor allem die vom Rücken, wie Schweinespeck in kleine Würfel schneiden und ausbraten. Grieben zum Teil herausnehmen, das Fett überkühlen lassen, dann feingehackte Zwiebel, Lorbeerblatt, Wacholderbeeren, einen kleinen, in Scheiben geschnittenen Apfel und viel Majoran hineinmischen, immer wieder umrühren, damit die Gewürze nicht alle auf den Boden sinken.

Schmeckt herrlich auf frischem Bauernbrot, aber auch zum Ausbraten und Anrösten eines deftigen Kartoffelschmarrens.

All der bösen Dinge sind drei!

Ganz unerwartet kamen schon fast zu Ende der Frühjahrssaison noch zwei Gäste auf Schwarzbär, Vater und Sohn. Sie hatten eine erfolglose Jagd in einem anderen Revier hinter sich, und da noch einige Tage bis zum Rückflug nach Europa waren, wollten sie hier bei Heinrich ihr Heil nochmals versuchen.

Der Termin war spät, da in jenem Jahr die Vegetation so üppig ins Kraut geschossen war, daß alles Wild nur mehr schlecht auszumachen war. Heiß war es auch, so daß die Bären ungern die Deckung verließen, und das Äsungsangebot war so reichlich, warum sollten sie sich da ins Freie begeben? Aber es sollte einen Versuch wert sein.

Mit Thomas, dem Sohn, war es dann auch noch eine leichte, gelungene Angelegenheit. Der stieg und pürschte wie ein Berglöwe und hatte nach zwei Tagen seinen Jagderfolg. Mit Friedrich-August, dem etwas betagten Vater, war es da schon problematischer. Je besser die Kondition, um so größer die Chancen auf Erfolg, das können wir unseren Gästen nicht oft genug sagen. Aber durch den Einsatz von Geländefahrzeugen und Booten bringen wir auch ältere, nicht mehr so rüstige Herrschaften zum Erfolg.

Wieder waren Heinrich und Fred mit dem Wagen im Revier unterwegs. Heute, am allerletzten Tag würde ich so sehr wünschen, daß es doch noch klappt. Ach wie ungern sieht man einen Gast als „Schneider" nach Hause fahren, und Gott sei Dank kommt das auch sehr selten vor.

Seit Stunden habe ich einen Hirschbraten im Rohr, um ein schönes Abschiedsessen zu richten. Langsam wurde dieser gar, aber meine Gäste waren noch nicht da. Dämmrig wurde es auch schon, wahrscheinlich hatte es doch geklappt, denn dann dauert es wegen des Versorgens des Wildes immer länger! Da tauchten endlich die Scheinwerfer auf. Mein erster Blick aus dem Küchenfenster gilt immer dem Hut des Jägers – ziert ihn ein Bruch oder nicht? Nichts ist! Schade! Aber die Zeit war auch so verflixt kurz, in nur drei Tagen zwei Bären, das hätte schon ganz überdurchschnittlich gut sein müssen.

Beim Essen erzählt der „unglückliche" Jäger dann von seinen heutigen Erlebnissen und kann sich vor Lachen kaum halten. Also, sie hatten auf der Heimfahrt am Wegrand noch einen herrlichen „blacky" vor sich, der sich an den Schachtelhalmen gütlich tat. Da nach dem Gesetz die Waffe im Auto nicht geladen sein darf, blieb Heinrich auch gleich stehen, um Fred Zeit zu geben, zum Aussteigen, Laden und dann noch etwa 80 Meter zu pürschen. Fred wollte nun aus dem Auto, hatte aber vor Aufregung den Sicherheitsknopf an der Tür versehentlich gedrückt und brachte die Tür nicht auf. Heinrich half, redete beruhigend auf den Gast ein. Diese Hürde schien gemeistert, leise, leise die Tür auf, rechtes Bein hinaus – zurrr – der Sicherheitsgurt ist auch noch zu, und Fred hängt halb aus dem Wagen. Wieder hinein, Heinrich macht den Gurt auf. Neuer Anlauf, rechtes Bein hinaus, Waffe hinaus – zurrr – da hat sich die Kordel des Anoraks in der Laufschiene des Sitzes verhängt, und Fred ist wieder gefangen, hängt nun halb aus dem Auto, kann nicht vor oder zurück.

Mittlerweile stellt sich Meister Petz auf, sichert in Richtung Auto, schüttelt sein Haupt und verschwindet im Graben, in den Büschen. Das war's dann wohl.

Man kann sich noch so viel bemühen, mit noch so viel Einsatz und Aufwand arbeiten, wenn es nicht gelingen will, dann hilft alles nichts. Fred hat es mit Humor genommen, was sonst, er sah die Bemühungen und wird wiederkommen, dann will er sich aber länger Zeit nehmen, um beim Aussteigen nicht so „hetzen" zu müssen.

Forellennockerl als Suppeneinlage

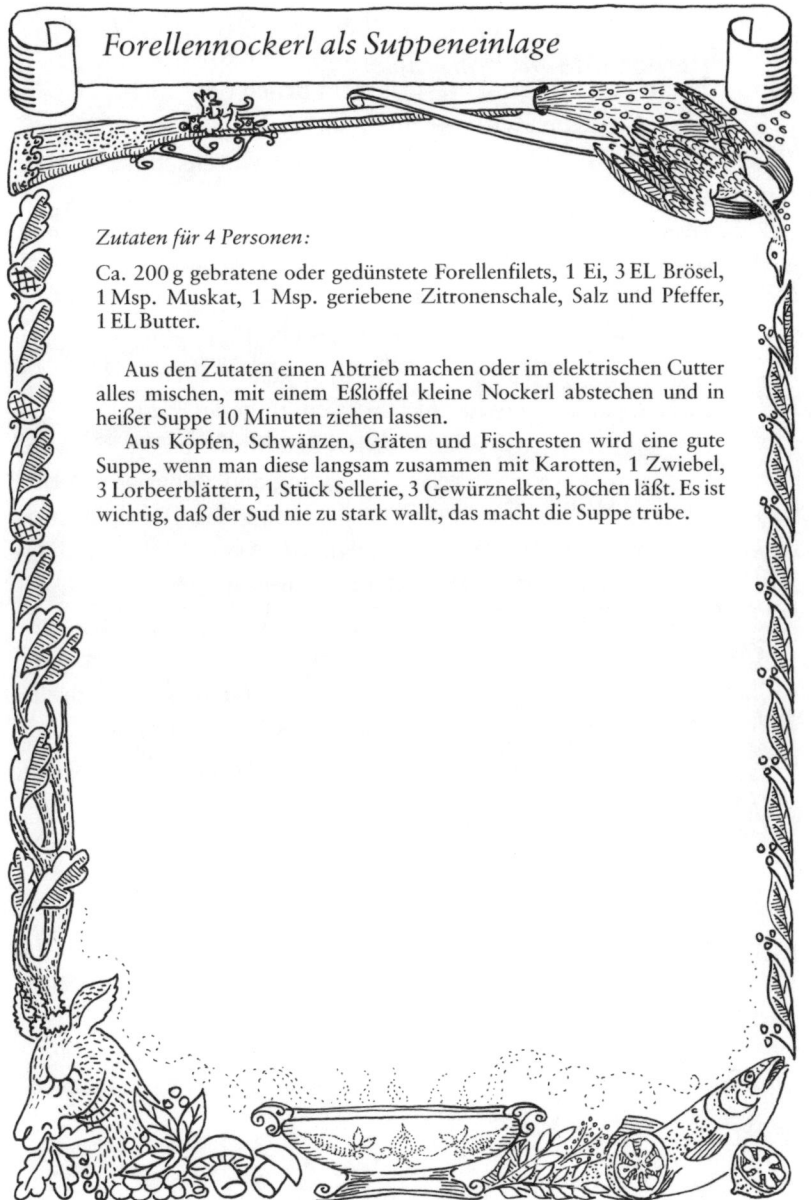

Zutaten für 4 Personen:

Ca. 200 g gebratene oder gedünstete Forellenfilets, 1 Ei, 3 EL Brösel, 1 Msp. Muskat, 1 Msp. geriebene Zitronenschale, Salz und Pfeffer, 1 EL Butter.

Aus den Zutaten einen Abtrieb machen oder im elektrischen Cutter alles mischen, mit einem Eßlöffel kleine Nockerl abstechen und in heißer Suppe 10 Minuten ziehen lassen.

Aus Köpfen, Schwänzen, Gräten und Fischresten wird eine gute Suppe, wenn man diese langsam zusammen mit Karotten, 1 Zwiebel, 3 Lorbeerblättern, 1 Stück Sellerie, 3 Gewürznelken, kochen läßt. Es ist wichtig, daß der Sud nie zu stark wallt, das macht die Suppe trübe.

Hirschkeule in Rotweinsoße, Serviettenknödel, Blaukraut und Preiselbeeren

Zutaten für 4 Personen:

Das Fleisch der Hirschkeule reicht für mehrere Mahlzeiten, da sie im ganzen Stück gebraten am saftigsten bleibt, alle übrigen Zutaten sind für 4 Personen berechnet.

1 Hirschkeule, 200 g Speck, Salz, Pfeffer, 10 Wacholderbeeren, 2 EL Senf, 2 EL Honig, ¼ l Rotwein, 2 EL Mondamin;
für die Marinade: 2 l Wasser, ½ l Rotwein, ¼ l Essig, 1 Zwiebel, 4 Gewürznelken, 4 Lorbeerblätter, 1 Karotte, 1 Stück Selleriewurzel, 1 EL Senfkörner.
Serviettenknödel: 200 g Knödelbrot, 1 kleingehackte Zwiebel, 2 Eier, ¼ l Milch, Muskat, Majoran und Petersilie, 3 EL Karotten und Erbsen aus der Dose.

Die Hirschkeule in der Marinade zwei bis drei Tage ziehen lassen und öfters wenden. Abtrocknen, spicken und von allen Seiten scharf anbraten, im Rohr ca. 2 Stunden garen. Soße mit Rotwein und ¼ l der Beize ablöschen, eindicken und abschmecken. Kurz vor Beendigung der Garzeit die Keule mit einer Mischung aus Honig und Senf bestreichen, das gibt eine besonders delikate Kruste.

Die Zutaten für den Serviettenknödel zu einem lockeren Teig vermischen, eine Stoffserviette mit Butter oder Öl bepinseln, den Knödelteig darauf verteilen und fest einrollen, 30 Minuten in kochendem Salzwasser garen, abtropfen und etwas auskühlen lassen, dann die Knödelrolle in fingerdicke Scheiben schneiden.

Petrijünger

Auch Fischer aus dem fernen Europa zählen zu unseren Gästen. Sie wollen mit viel Geduld und Können vor allem den Königslachs überlisten und landen, aber auch das Fliegenfischen auf Forellen in einem der über hundert Seen in unserem Revier begeistert sie sehr. „Dem Run entgegen" lautet unser Motto, und so fahren wir mit Camper und Zelten an den Fluß, in dem gerade tausende von Lachsen zu den Laichgebieten ziehen.

In guter Zusammenarbeit mit den Biologen erfahren wir schon vorher, wo es genau hingehen wird. Dies optimiert natürlich die Erfolgschancen gegenüber festen Anglerlagern an den Flüssen. Dort heißt es, auf den „run" zu warten. Wir dagegen eilen ihm entgegen. Mit sieben begeisterten Petrijüngern aus Österreich fahren wir an den Kitimat River. Das Campieren am wildrauschenden Fluß, fernab der Zivilisation, läßt jedes Fischerherz höher schlagen und bietet Natur pur! Wir angeln sowohl im Fluß als auch im Channel (Meeresarm) und haben unsere Boote mit Fish-finders und Deep-riggers ausgerüstet.

Wie im Bilderbuch liegt die Landschaft vor uns, als es von Burns Lake über Smithers, Hazelton nach Kitimat geht. Eine kurze Rast in Morricetown zeigt den Gästen aus Europa die alte Art zu fischen. Mit langen Bambusstangen und Netzen holen hier die Indianer die Lachse aus dem Bulkly River, stechen sie mit einer wahren Meisterschaft aus den Stromschnellen. Diese Art zu fischen ist jedoch nur mehr den Indianern vorbehalten. Für die Weißen und Ausländer gelten auch beim Angeln sehr strenge Gesetze und Vorschriften, deren Einhaltung peinlich genau kontrolliert wird. Sie sollen einem „Massenschlachten" vor allem der in großen Mengen flußaufwärts ziehenden Lachse vorbeugen.

Von wegen „Massenschlachten". Im Fluß sind sie ja, die herrlichen Königslachse, Chums und Buckellachse, der Coho kommt allerdings etwas später. Wir sehen sie ständig springen und sich auf ihrer langen Reise vom Meer zu den Laichplätzen wälzen. Hunderte und Tausende Kilometer legen sie zurück... um dann zu sterben! In den ersten Tagen gibt es bei unseren Fischern mehr Frust und Ärger als Lachse. So ein Riesenfisch von 20 bis 30 Kilogramm will schon an Land gezogen werden. Sie beißen ja auch nur mehr aus Ärger und Protest, weil ein vermutlicher Feind in Form von „Wobbler", „Spinner", „Spoon", „Micmac" oder gar eines grauslichen roten Gummifrosches ihren Weg zum Laichplatz versperrt. Die Nahrungsaufnahme haben sie eingestellt, als sie vom Meer in den Süßwasserfluß kamen. Aber Leine um Leine reißt, sogar Ruten brechen. Die helle Verzweiflung könnte einen erfassen, wenn man die Kämpfe – die vergeblichen – mit ansieht. Aber dann gelingt es doch Willi, Mikel und Stefan, Leopold und Klaus, einen Fisch zu landen, und die allgemeine Freude ist groß.

Es dürfen nur Einzelhaken, aber keine Drillinge am Fluß verwendet werden; für jede Art zu fischen gibt es auch eigene Sektionen. Also kann ein Fliegenfischer nicht unter all den Blinkerfischern wirken.

Die Geschäfte mit dem Angelzubehör gedeihen prächtig. Ist gestern ein Rekordfisch mit einem rot-silbernen Blinker gefangen worden, so muß das der einzig richtige sein, und alle blau-goldenen werden weggeschlossen, ein rot-silberner muß einfach her! Ob da nicht auch etwas Aberglauben dabei ist?

Nur zwei Königslachse darf man pro Tag mit nach Hause nehmen, andere Arten wie z. B. Chums müssen wieder zurückgesetzt werden. Es empfiehlt sich immer mehr, auch fürs Fischen in Kanada einen sachkundigen Führer zu dingen, denn zu kompliziert werden die Gesetze. Dicke Dolly Varden (Bachforellen) ziehen hinter den Lachsen her und warten begierig auf den Laich, der zu ihren Lieblingsmahlzeiten zählt. Während sich unsere Gäste täglich über viele, viele Stunden damit abraufen, einen dicken Fisch an Land zu ziehen, beobachte ich Suzanne, eine junge Indianermutter, das Baby im Traggestell am Rücken, wie sie mit Ruhe und Gelassenheit ihren täglichen „King" holt, selbst beim aufregendsten Drill das Kind nicht von den Schultern nimmt und meist nach kurzer Zeit schon wieder nach Hause geht.

Ja, so sollte man fischen können. Oder wie die Bären, die sich natürlich auch an den Flüssen einfinden und mit einem geschickten Brantenhieb ihr Opfer ans Ufer werfen – Mensch, wie unbeholfen und tollpatschig bist du dagegen. Unsere Guides tragen natürlich auch beim Fischen ihre Waffen mit, denn man weiß ja nie, was aus Futterneid alles geschehen kann. Mikel und Joachim fangen wahre Monster von Königslachsen und wollen die Häute in Österreich zum Präparator bringen. Mit viel Geduld und Genauigkeit vermesse ich die Fische und ziehe ihnen die Haut ab. Fische häuten, Bären und anderes Wild aus der Decke schlagen – was hab' ich nicht schon alles gelernt in diesem Land, in diesem neuen Beruf.

Wenn wir die „Beute" nicht gleich frisch verspeisen – und was gibt es Besseres als frischen Lachs, in Butter gebraten mit Petersilienkartoffeln und grünem Salat! –, dann filetiere ich die Fische, wir räuchern sie, und die Gäste können das Fleisch dann vakuumverpackt mit nach Hause nehmen.

Es ist ein beschauliches Leben hier in unserem Camp am Kitimat River. Abends sitzen wir stundenlang beim Lagerfeuer, erzählen, singen oder lauschen einfach nur dem Rauschen des Flusses und der Bäume.

Fischröllchen in Kräuter-Käse-Soße

Zutaten für 4 Personen:

800 g Fischfilets (Lachs oder Forelle), 1 kleine Dose Shrimps, ⅛ l Weißwein, ⅛ l Sahne oder ungezuckerte Büchsenmilch, Saft und abgeriebene Schale einer Zitrone, 1 kleingehackte Zwiebel, je 1 EL gehackte Petersilie und Dill, Salz, Pfeffer, 100 g Blauschimmelkäse.

Fischfilets waschen und gut abtrocknen, mit Zitrone beträufeln, etwas Salz und Pfeffer darüber. Gehackte Kräuter mit den Shrimps und der abgeriebenen Zitronenschale mischen und auf den Filets verteilen, aufrollen und mit Zahnstocher feststecken. Auf allen Seiten goldbraun braten, warmstellen. Die kleingehackte Zwiebel in Butter goldbraun rösten, den Blauschimmelkäse darin schmelzen, dann mit Weißwein und Sahne oder Büchsenmilch löschen, nachwürzen wenn nötig. Nun die Fischröllchen in der Soße noch einige Minuten ziehen lassen. – Dazu paßt Reis und grüner Salat – Weißwein, denn Fisch will schwimmen!

Ein großer Vorrat an getrockneten Kräutern und Gewürzen ist in allen meinen Küchenhäusern vorrätig. Aber noch viel lieber verwende ich frische Kräuter, in diese Soße würde ich neben Petersilie und Dill auch noch Sauerampfer und Wasserkresse mischen.

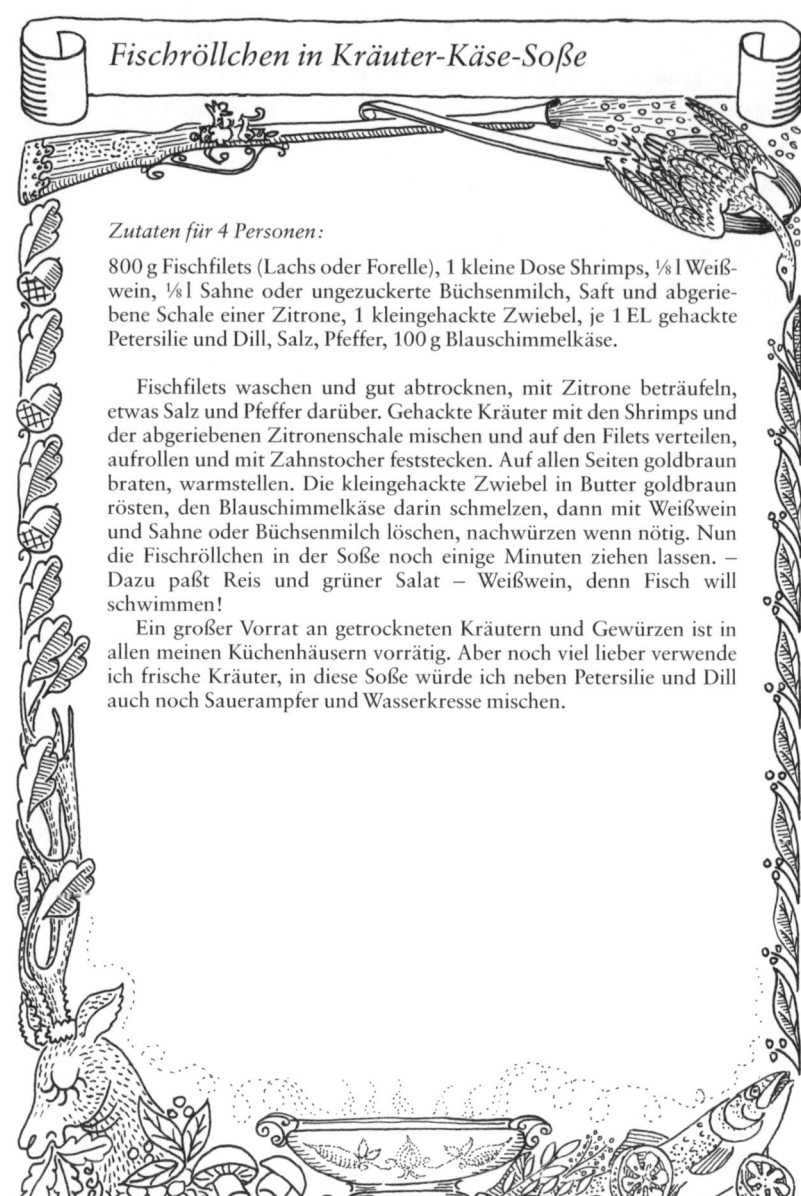

Fischfilets von Lachs und Forelle zum Rohgenuß

Zutaten für 4 Personen:
500 g Fischfilets, 2 EL gehackter Dill, abgeriebene Schale einer Zitrone, 3 bis 4 zerdrückte Wacholderbeeren, je 200 g Salz und braunen Zucker zu gleichen Teilen.

Fischfilets waschen und auf beiden Seiten mit der Mischung obiger Zutaten fest einreiben. In ein Porzellan- oder Steingutgefäß schichten, beschweren und mindestens 24 Stunden an einem kühlen Ort stehenlassen. Fische herausnehmen, kurz abspülen, mit etwas Zitronensaft beträufeln, zu Weißbrot und Sahnekren servieren. – Derart marinierter Fisch schmeckt auch herrlich, wenn er 48 Stunden kalt geräuchert wird.

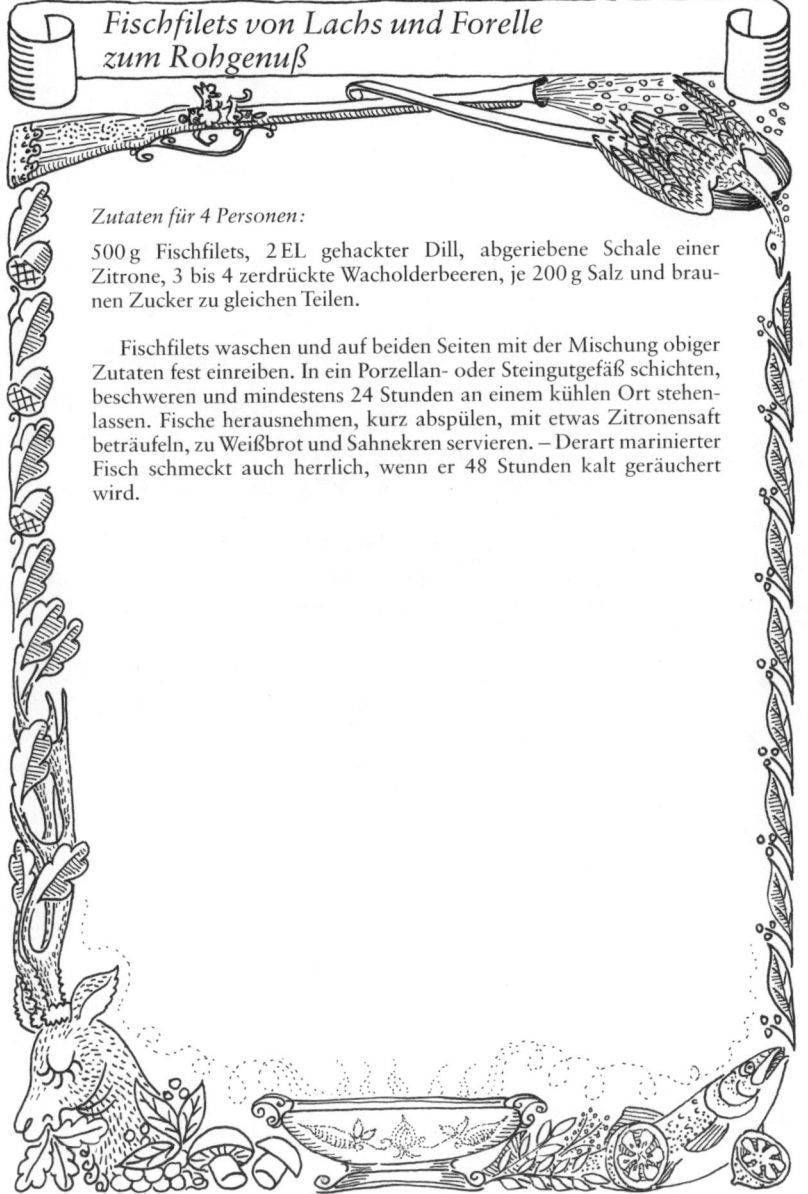

*Einst war ich Quelle wie Du,
munterer, kleiner Bach in den Bergen,
einst war ich Fluß wie Du,
langsamer und träger fließend,
voll des Lebens und der Reichtümer des Daseins –
wann werde ich Strom?
Wann tauche ich in die Ewigkeit des Meeres?
Nur eine Frage der Zeit!
Und doch fühle ich mich immer noch als Quelle,
fühle mich munter und heiter,
fühle mich frischer und stärker als je zuvor.
Aber ich weiß, daß der ewige Kreislauf
auch vor mir nicht haltmacht.
Und ich weiß, daß ewige Jugend, ewig Quelle-sein
nicht möglich ist – und ich warte,
warte auf das Fest des Lebens,
das das Meer mir bereiten wird!*

Quellfluß des Gladstone-Creek, Yukon

Dallschaf (siehe Seite 173)

Schneeziege (siehe Seite 174)

Karibu (siehe Seite 171)

Die Jagd geht auf!

Ungeduldig erwarten wir die ersten Gäste dieser Herbstsaison, Donat, Klaus, Fritz – zwei Deutsche und deren kanadischer Freund – werden den Auftakt machen. Wir wollen mit Zelten und Camper ab in die Wildnis, haben schon vor Wochen am kleinen Mouoon Lake ein idyllisches Plätzchen gefunden und können es kaum erwarten, daß es losgeht.

Der Camper wird als Küche dienen, ein großes Zelt als Eß- und Aufenthaltsraum und drei Viermannzelte für Gäste und Guides zum Schlafen. Die Zelte, ein 14-Fuß-Aluminiumboot mit Außenbordmotor, das Kanu, alles ist bereits in den drei Geländewagen verstaut, neben Treibstoff, Geschirr und Lebensmitteln für sieben Mann und mich. Eine Woche wollen wir bleiben. Gaskocher, Motorsägen, Winden und Beile, alles muß noch untergebracht werden. Eine richtige Expedition haben wir zusammengestellt. Das nächste Dorf ist 120 Kilometer entfernt, schnell einkaufen gibt es da nicht, auch keinen Strom, und Wasser wird eimerweise aus dem See und Fluß geholt.

Neben unseren Gästen sind als Crew Heinrich, der Chef, Big Boss sagt man hier, und drei Guides, Stefan, Marvin und Jürgen, mit von der Partie! Und ich, die Köchin, das Mädchen für alles (fast alles). Am frühen Nachmittag ist es nun endlich so weit, und die Karawane kann sich in Bewegung setzen. Fast zwei Stunden brauchen wir für diese 120 Kilometer lange Strecke. Am Highway geht es noch ganz flott, trotz Tempolimit 90 Stundenkilometer, aber dann durch den Busch auf den Schotterwegen (Gravelroads, kaum befestigten Forststraßen) werden wir immer langsamer und müssen auch größere Abstände halten, denn die Staubfahnen steigen hinter jedem Fahrzeug hoch auf, hat es doch in den letzten drei Wochen nicht geregnet. Endlich, schweißgebadet und staubbedeckt, erreichen wir das Ziel. Alle springen sofort in das herrlich kühle Naß des kleinen Sees, der malerisch wie ein Smaragd zwischen den Wäldern und Bergen eingebettet liegt. Welche Wohltat, welche Erfrischung!

Während Jürgen und ich mit dem Aufbau des Lagers beginnen, machen sich Gäste und die anderen Guides für den ersten Pürschgang bereit. Zur Zeit ist nur Jagdzeit auf den Schwarzbär, Elch und Maultierhirsch werden erst ab 10. September frei sein. Die Jagdgesetze sind eindeutig und klar, ihre Einhaltung wird von den Wildhütern (Game warden) streng kontrolliert, und Übertretungen werden sofort hart geahndet.

Die Zelte sind aufgebaut, der Camper vom Pick-up abgesetzt, eine Latrine haben wir gegraben, einen kleinen Steg zum Wasserschöpfen gezimmert und nun noch einen Ring großer Steine um die Feuerstelle legen, damit es keine Pannen gibt.

Schon nach knapp zwei Stunden hören wir wieder Motorenlärm. Da wir allein in dieser Ecke des Revieres sind, steigt die Neugierde. Was wohl der Anlaß ist? Stefan und Fritz kehren zurück... mit dem ersten Bären! Das kann doch nicht wahr sein – mit sich selbst beschäftigt, saß der Schwarze in den Himbeeren, als ihn der Schuß überraschte. Die Freude ist natürlich riesengroß.

Nach getaner Arbeit nageln wir die Decke zum Trocknen zwischen die Bäume und lassen gerade die ersten Bierflaschen auf dieses rasche Waidmannsheil kreisen, als Marvin und Klaus ebenfalls mit einem Bären ins Lager gefahren kommen. Nein, so was war all die Jahre noch nicht da! Ich habe inzwischen den Gulaschtopf über das Feuer gehängt, Kartoffeln in Alufolie gewickelt und in die Glut gelegt, denn bei so einer Feier, wie sie sich heute anbahnt, brauchen die Männer eine kräftige Unterlage.

Nun erscheinen auch schon Donat und Heinrich wieder im Lager, werfen eigentlich nur einen kurzen Blick auf die ausgespannten Decken, drehen auf den Fersen wieder um und murmeln was von: Da holen wir unseren auch gleich heute! Weg sind sie, es ist mittlerweile fast 20 Uhr, aber hier im Norden sind die Nächte zu dieser Jahreszeit noch herrlich lange hell. Wir essen, lachen, plaudern, und die glücklichen Schützen erzählen ein ums andere Mal den Ablauf ihrer Jagd. Es dämmert schon, als Heinrich und Donat wieder zurückkehren. Beide machen ein eher mürrisches Gesicht, nix war's also, denke ich mir, sie setzen sich zu uns, und nun geht das Feiern richtig weiter. O ja, die Jäger können feiern – und wie! So eine milde, wunderschöne Nacht im tiefen Busch von Kanada, am offenen Feuer, mit Millionen Sternen am klaren Himmel ist dazu wie geschaffen.

Doch dann wird diese Idylle durch einen Schrei zerrissen: „Ihr Banditen, ihr Heimlichtuer, da kommt, schaut alle einmal her, da hängt ja noch ein Bär, ihr großen Gauner sagt gar nichts!" Wir springen alle auf und sehen nun vorne am etwas abseitsstehenden Geländewagen, an der Seilwinde, einen guten Mittelbären festgezurrt. Schnell wird er abgenommen und im Schein von Lagerfeuer und Taschenlampen aus der Decke geschlagen. Freude und Heiterkeit überschlagen sich. Das gab es noch nie in all den Jahren: drei Jäger, drei Bären bei der ersten Pürsch. Hätte mir dies jemand erzählt, ich hätte es für Jägerlatein gehalten, aber so hab' ich es selber erlebt.

Wir feiern, singen, lachen und erzählen rund ums Lagerfeuer sitzend, bis im Osten die erste Dämmerung hochkommt. Um Mitternacht gab es noch ein kühles Bad im See, sehr zum Ärger der fleißigen Biber, die erbost mit ihren Kellen aufs Wasser klatschten. Müde und zufrieden mit diesem Tag kriechen wir alle in unsere Schlafsäcke. Was für ein Auftakt. St. Hubertus hat es besonders gut mit uns gemeint, das kann ja eine tolle Saison werden.

Elchgulasch besonders scharf

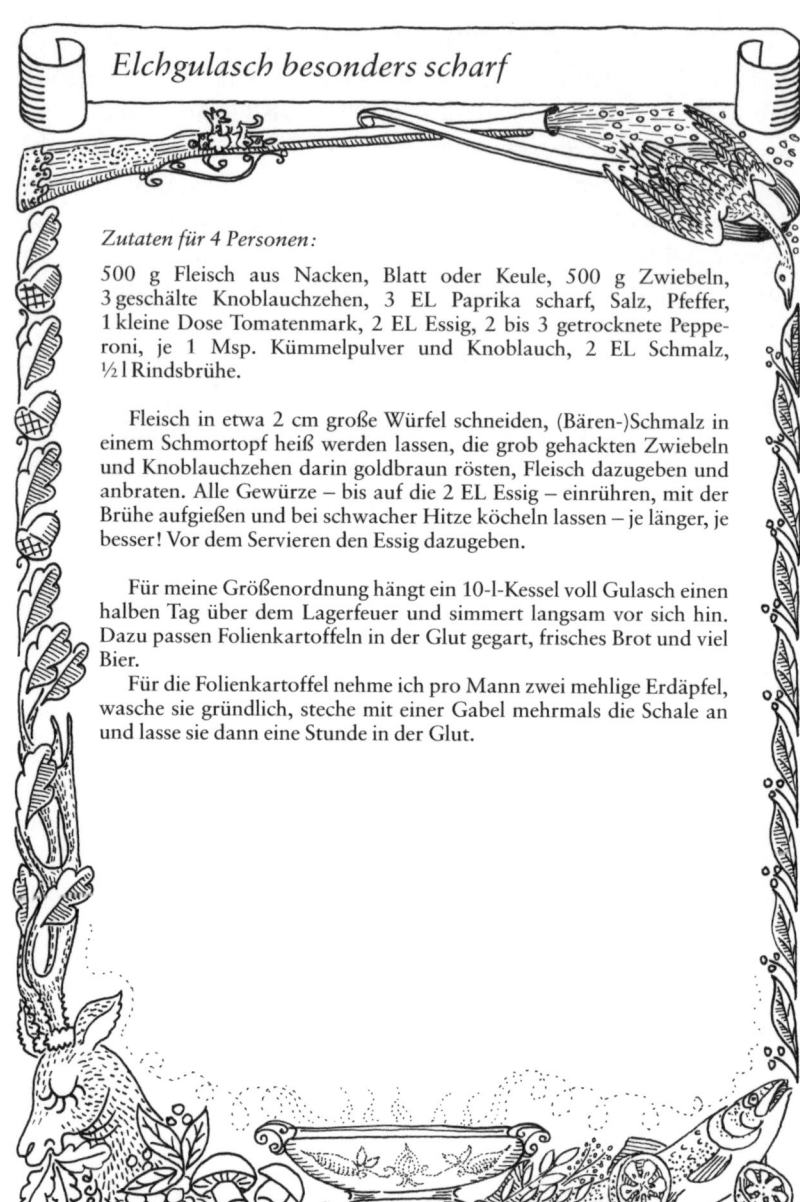

Zutaten für 4 Personen:

500 g Fleisch aus Nacken, Blatt oder Keule, 500 g Zwiebeln, 3 geschälte Knoblauchzehen, 3 EL Paprika scharf, Salz, Pfeffer, 1 kleine Dose Tomatenmark, 2 EL Essig, 2 bis 3 getrocknete Pepperoni, je 1 Msp. Kümmelpulver und Knoblauch, 2 EL Schmalz, ½ l Rindsbrühe.

Fleisch in etwa 2 cm große Würfel schneiden, (Bären-)Schmalz in einem Schmortopf heiß werden lassen, die grob gehackten Zwiebeln und Knoblauchzehen darin goldbraun rösten, Fleisch dazugeben und anbraten. Alle Gewürze – bis auf die 2 EL Essig – einrühren, mit der Brühe aufgießen und bei schwacher Hitze köcheln lassen – je länger, je besser! Vor dem Servieren den Essig dazugeben.

Für meine Größenordnung hängt ein 10-l-Kessel voll Gulasch einen halben Tag über dem Lagerfeuer und simmert langsam vor sich hin. Dazu passen Folienkartoffeln in der Glut gegart, frisches Brot und viel Bier.

Für die Folienkartoffel nehme ich pro Mann zwei mehlige Erdäpfel, wasche sie gründlich, steche mit einer Gabel mehrmals die Schale an und lasse sie dann eine Stunde in der Glut.

Hush-puppies

Zutaten für 4 Personen:

200 g Mehl, ⅛ l Milch, 2 Eier, 1 kleine Dose Maiskörner, 1 TL Backpulver, Salz, Pfeffer, 1 EL zerlassene Butter, 1 EL getrocknete Kräuter (Schnittlauch, Majoran, Kerbel), Fett zum Ausbacken.

Aus den Zutaten einen festen Teig rühren und mit einem Eßlöffel kleine Häufchen in heißes Fett setzen, diese auf allen Seiten langsam goldbraun backen. – Paßt gut zu allen Fleischgerichten aber auch zu Salat und Gemüse.

Labour Day – ein wichtiger Feiertag

Leicht verkatert klettern wir am Morgen aus unseren Zelten. In Anbetracht des strahlenden Tages und der Millionen von Vögeln bei der Morgenandacht sind die Brummschädel bald wieder klar und aufnahmefähig. Whisky-Jacks (der graue Vertreter aus der Familie der Jays – Häher) picken die Brotreste des Vortages vom Tisch und warten gierig auf Nachschub. Sie sind die Kobolde in jedem Camp und fressen einem auch aus der Hand.

„Da, Heide, Frühstück", Jürgen, unser großer Petrijünger, war schon mit dem Kanu auf dem See und gibt mir fünf herrliche Forellen. Wie lacht das Herz, wenn man sich so schön aus dem Lande ernähren kann und Gottes Tisch noch reichlich gedeckt ist. Nach einem herzhaften Frühstück mit Forellen, Speck, Eiern, Brot und kannenweise Kaffee erwachen auch die Lebensgeister der anderen wieder, und bald stecken die Männer voll Tatendrang. Sie wollen so schnell wie möglich wieder los – doch Halt, o weh, sie haben jeder nur eine Bärenlizenz gelöst, alles andere Wild – mit Ausnahme des Wolfes – ist nicht frei, und einen Wolf zu dieser Jahreszeit zu erlegen ist reine Glückssache. Da aber Feiertag im ganzen Land ist, sind die Büros und Geschäfte geschlossen, und es gibt keine Möglichkeit, eine Lizenz nachzukaufen. Also ruhig angehen lassen, Elch- und Hirschfährten suchen, damit wir in den nächsten Tagen wissen, wo wir unsere Gäste am besten ansetzen sollen.

Da ich selber auch passionierte Jägerin bin, fällt das Zuhausebleiben mir manchmal sehr schwer, und so freue ich mich über jede Möglichkeit, mit hinaus ins Revier zu kommen. An Tagen wie heute, wo es nicht richtig „ernst" ist, da hab' ich meine Chance! Heinrich und Donat wollen mich mitnehmen. Mittags gibt es meistens Sandwiches und Tee, Obst, abends will ich Kotelettes am offenen Feuer grillen, da habe ich ein paar freie Stunden und sitze als erste im Auto!

Wir fahren Sumpflöcher und Kahlschläge ab, finden gute Wechsel, bauen noch schnell am Bach eine Ansitzleiter, dann geht es wieder weiter zu anderen Kahlschlägen. Der Raubbau, der hier mit dem Wald betrieben wird, läßt uns europäische Seelen sehr erzürnen. Quadratkilometergroße Kahlschläge erstrecken sich vor allem im Hinterland, Verwendung findet nur ein Drittel des geschlagenen Holzes, der Rest wird irgendwann einmal einfach angezündet und verbrannt. Nicht selten läuft dann so ein „gezieltes" Feuer davon und vernichtet wiederum viele, viele Quadratkilometer Wald.

Seit 1960 ungefähr hat man endlich mit einer Wiederaufforstung begonnen, aber die kleinen Setzlinge brauchen dreimal so lange wie in gemäßigten Breiten, um endlich wieder Bäume zu werden! Fürs Wild und zum Jagen sind diese Kahlschläge ja gut, bieten sie doch riesige Äsungsflächen und uns die Möglichkeit einer guten Anpürschmöglichkeit, aber ob es letztlich nicht doch ein Frevel ist, kann ich kleines Nichts nicht entscheiden!

Und dann steht er plötzlich da, mitten auf der freien Fläche, ein mächtiger Schwarzbär. Stopft sich mit beiden Vorderpranken Himbeeren hinein und ist blind und taub für seine Umwelt. Donat wird ganz still und blaß – der ist ja noch einmal so groß, wie der von gestern –, vielleicht denkt er nun, daß er doch hätte warten sollen. Aber nein, ein fairer Sportsmann wie er, jammert nicht, nimmt seine Filmkamera und möchte Nahaufnahmen machen – so nah es eben geht. Heinrich und er ziehen los, ich sehe mir das Unternehmen vom Auto aus durchs Spektiv an.

Nicht daß ich Angst hätte, nein, aber bei der derzeit herrschenden Dürre und Trockenheit ist das Pürschen von zwei Personen schon zu laut, zu viel, wie wäre es dann erst von drei Menschen. Bis auf knapp hundert Meter konnten sie den Schwarzen angehen und machen, wie sich dann später herausstellt, ganz wunderbare Aufnahmen.

Am folgenden Tag, mit neuer Lizenz versehen, sind sie den Dicken nochmals angegangen, haben wieder gefilmt und ihn dann gestreckt. Welch einmalige, herrliche Erinnerung kann Donat mit nach Hause nehmen.

Wieder zurück im Camp, mußte ich feststellen, daß die Bärendecken von Tausenden von Fliegen übersät waren, schnell abnehmen und im See versenken war eins. Nur so kann ein Schaden verhindert werden. Auch die Braten des im Camp zerwirkten Bären hab' ich in einem großen Plastikfaß im See versenkt – die einzige Möglichkeit, ohne Kühlschrank etwas frisch zu halten. Allerdings mußte ich täglich mit dem Fernglas nach dem Faß Ausschau halten, die nächtlichen Winde oder die verspielten Biber trieben es kreuz und quer über den See.

Paradiesische Zustände herrschten in unserem Camp am Mouoon Lake. Das Wetter war einfach herrlich, traumhaft, fangfrische Forellen schon zum Frühstück, Pilze und Beeren in jeder Menge, glückliche, zufriedene Gäste, Herz, was willst du mehr!

Daß aber selbst in so einem Paradies die Schlangen sitzen, mußten wir einige Zeit später erfahren. Wir brachten die Gästegruppe zur Heimreise ins Dorf und wollten zwei Tage später mit neuen Jägern noch einige Tage in diesem Lager verbringen. Wie groß aber war die Enttäuschung, der Ärger, als wir feststellen mußten, daß zwei unserer Zelte gestohlen waren, das ganz große Küchenzelt beschmutzt und beschädigt. Schade, ein oder zwei miese Typen können einem doch den Glauben an die Menschheit trüben!

Heidelbeer-, Blaubeer- Omletten, Palatschinken, Pfannkuchen, Flädle, Eierküchle, Crêpes

Zutaten für 4 Personen:

½ l Milch, 4 Eier, 200 g Mehl, 1 Pk. Vanillezucker, Staubzucker. Butter zum Ausbacken.

Milch, Mehl und Eier zu einem eher festeren Teig rühren, dann so viele Heidelbeeren untermengen, wie der Teig aufnehmen kann. In der Pfanne Butter heiß werden lassen, mit einem Löffel kleine Küchlein hineinsetzen, auf beiden Seiten goldbraun backen und mit viel Staubzucker bestreut gleich heiß servieren.

Indianerg'schichten

Unser Gast Stefan aus dem Bayerischen Wald ist ein sehr zarter, quicklebendiger Mensch, aber auch überaus nervös und furchtsam. Den Jagdführern macht er es gar nicht einfach, seine Waffe ist defekt, die Sicherung nicht in Ordnung und seine Angst vor Wolf und Bär geradezu greifbar! Dazu kommt noch, daß Stefan eine überaus rege Phantasie und wahrscheinlich zu viele „Räubergeschichten" über das Jagen im kanadischen Busch gelesen hat.

Heute sitzt er, wie fast jeden Abend, bei mir in der Küche und schüttet mir sein Herz aus. Einen Horrortag hat er hinter sich und kann sich gar nicht beruhigen. Mit Händen und Füßen gestikulierend, schildert er mir seine Erlebnisse. Da er heute mit unserem Spitzenguide Marvin, seines Zeichens Indianerhäuptling, d. h. Stammeshäuptling der Careers im Lake Distrikt, unterwegs war, bleibe ich vorerst skeptisch, schäle die letzten Kartoffeln und richte das Essen zum Auftragen fertig.

„Stell dir na vor, stell dir na vor", sagt er, „da loßt mi diesa Rote do glatt ganz alla am See sitzen, sogt, i soll ganz ruhig bleiben, aufs Wassa schaun und in ½ Stund' is er eh wieda da! I, wo i do gor ka Uhr mit hab, wie soll i denn wissen, wann die holbe Stund umi is? Und wann er dann no net da is, der Rote, was moch i denn dann? So hab i halt zum Zählen ang'fangt bis 10 000, dann hab i's nimmer ausg'halten, die Augen ham mir brennt vom Wassa und der Sunn, und g'schwitzt hab i vor Angst. So bin i holt aufg'standen und hab ang'fangen zum Brennholz sammeln, a Feuer will i mir mochen, und Rauchzeichen, damit mi die Leut finden, wenn i in der Nocht no net im Camp bin. I hob glaubt, er loßt mi klanen, weißen Mann da im Busch verrecken, er, der große Indianerhäuptling, weil wir bösen Weißen eam alls weggnommen ham. Und dann kommt der

Wolf und der Bär ... ich kann dir's gar net sagen, wie froh, wie froh i bin, daß i jetzt wieda bei dir da herinnen sitzen darf!"

Da muß ich aber doch recht schmunzeln. Armer, armer Stefan, hat er wirklich zu viele Gruselromane und zu viel Karl May gelesen? Unsere Guides lassen einen Gast nie allein, es sei denn für ganz kurze Zeit, sicher abgestellt oder angesessen, wenn sie versuchen, dem Jäger mit dem Wind ein Stück Wild zuzudrücken. Gott sei Dank war aber kein Elch da, denn der Stefan hätte auch am dicksten Hirsch vorbeigeschossen in seiner Aufregung. Ein Schnapserl zur Beruhigung bekommt er dann von mir und die Versicherung, daß noch nie ein Gast über Nacht im Busch bleiben mußte. Dafür sorgt schon Heinrichs Strenge, daß alle vor Einbruch der Dunkelheit im Camp sein müssen. Auch werden die Jagdführer täglich bei der Guidebesprechung für einen bestimmten Abschnitt des Reviers eingeteilt, so wissen wir immer wo, wann, wer unterwegs ist und können im Falle eines Ausbleibens – der Teufel schläft ja bekanntlich nie – doch gezielt mit einer Suche beginnen. Ich habe eine große, detaillierte Revierkarte im Küchenhaus hängen und stecke mir kleine Fähnchen täglich, um zu wissen, wo meine Leute unterwegs sind.

Elchherz in saurer Soße

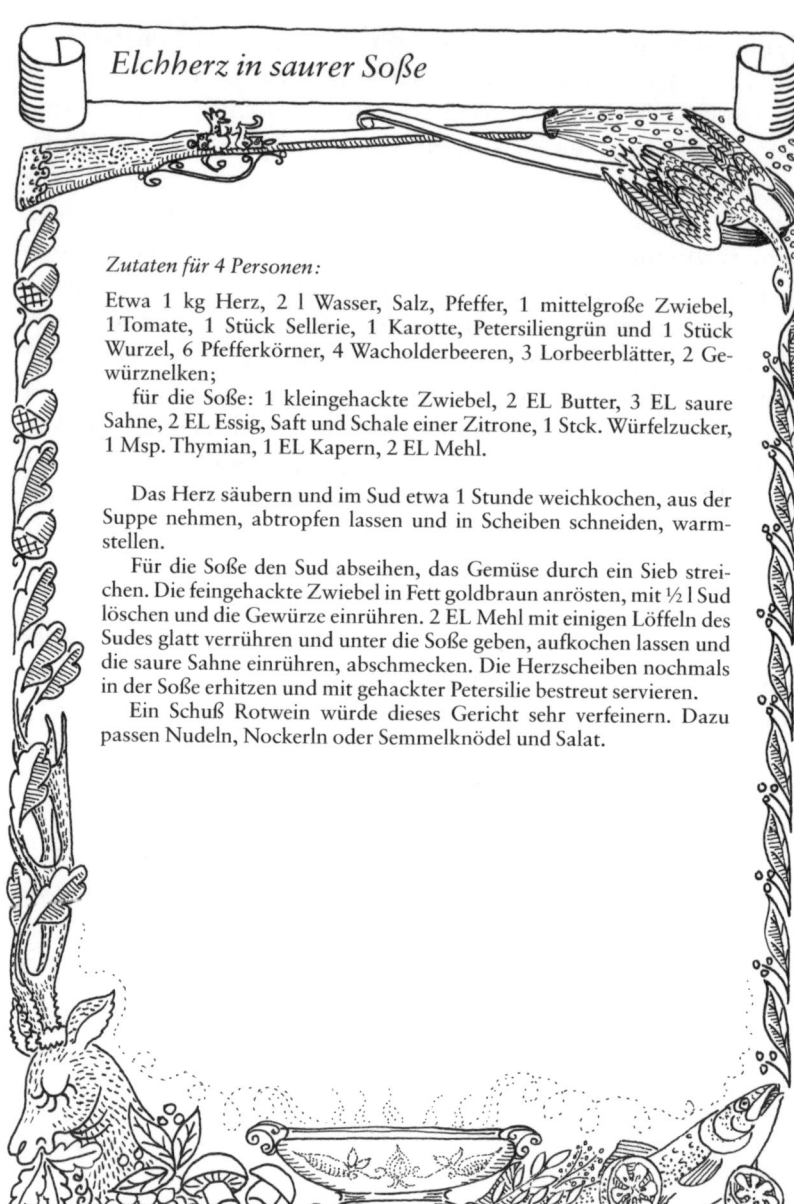

Zutaten für 4 Personen:

Etwa 1 kg Herz, 2 l Wasser, Salz, Pfeffer, 1 mittelgroße Zwiebel, 1 Tomate, 1 Stück Sellerie, 1 Karotte, Petersiliengrün und 1 Stück Wurzel, 6 Pfefferkörner, 4 Wacholderbeeren, 3 Lorbeerblätter, 2 Gewürznelken;
für die Soße: 1 kleingehackte Zwiebel, 2 EL Butter, 3 EL saure Sahne, 2 EL Essig, Saft und Schale einer Zitrone, 1 Stck. Würfelzucker, 1 Msp. Thymian, 1 EL Kapern, 2 EL Mehl.

Das Herz säubern und im Sud etwa 1 Stunde weichkochen, aus der Suppe nehmen, abtropfen lassen und in Scheiben schneiden, warmstellen.
Für die Soße den Sud abseihen, das Gemüse durch ein Sieb streichen. Die feingehackte Zwiebel in Fett goldbraun anrösten, mit ½ l Sud löschen und die Gewürze einrühren. 2 EL Mehl mit einigen Löffeln des Sudes glatt verrühren und unter die Soße geben, aufkochen lassen und die saure Sahne einrühren, abschmecken. Die Herzscheiben nochmals in der Soße erhitzen und mit gehackter Petersilie bestreut servieren.
Ein Schuß Rotwein würde dieses Gericht sehr verfeinern. Dazu passen Nudeln, Nockerln oder Semmelknödel und Salat.

Sprachbarrieren

Aus Prinzip und weil ihm sein Leben lieb ist, nimmt Heinrich nur europäische Gäste zur Jagd. Die amerikanischen Nachbarn kämen zwar in Scharen, mögen auch gute Jäger sein, aber bei der Handhabung der Waffen sind sie so sorglos wie kleine Kinder, und auch der Trieb zu schießen ist so groß – bei einigen wenigstens, aber einer wäre schon zu viel! –, daß sie erst nach dem Schuß fragen, was sich nun da bewegt hätte. Der Tod zweier Nachbar-Outfitter war abschreckendes Beispiel genug! Das ist nichts für deutsche Gründlichkeit.

In einem englischsprachigen Land lebend, wird Englisch bald zur zweiten Muttersprache.

Unsere Gäste dagegen lieben es sehr, wenn sie quasi von ihrer Ankunft in Vancouver an an die Hand genommen werden und in ihrer Muttersprache Deutsch betreut werden. Freunde haben eine kleine Frühstückspension in North-Vancouver, dort verbringen unsere Gäste jeweils bei An- und Abreise eine Nacht, und anschließend sind sie bei uns in allerbesten Händen.

Aber man sollte es nicht für möglich halten, daß es auch dann noch Sprachprobleme und Sprachbarrieren gibt. Wenn Hermann aus Oberösterreich, Hans aus Kärnten und Hubert aus Vorarlberg so richtig in Schwung sind und ihren Dialekt reden, dann verstehen Jochen aus Ostfriesland und Michael von der Waterkant kein Wort mehr – und umgekehrt ist es genauso.

Aber wir Jäger sind ein geselliges Volk und finden immer eine Verständigungsmöglichkeit – und wenn es letztlich das gemeinsame Singen von Jagdliedern ist, das völkerverständigend wirkt. Aber auch beim Aushecken von Bosheiten sind sie sich einig, die Mannen in grüner Tracht.

Da hat der Wolfgang einen guten Elch geschossen, mit fast einer Rekordtrophäe, und drei Tage wird diese nun schon totgetrunken. Das Haupt ist abgekocht und zum Verpacken bereit. Plötzlich kommen Wolfgang doch Bedenken wegen der Stärke der Schaufeln, dem Transport im Flugzeug usw. Zu vorgerückter Stunde – und alle schon leicht angeheitert – hat einer plötzlich den „rettenden Einfall": Wir schneiden den Schädel mittendurch, dann hat er zwei Trümmer, und die sind nur halb so groß wie der ganze Schädel! Du lieber Himmel, denk' ich, was wird das nur werden.

Hitzig gehen die Debatten weiter, sie schreien um Maßband, Säge und Filzstift. Franz bringt den Schädel, legt ihn auf den großen Tisch, und nun wird gemessen und wieder gemessen, getrunken und wieder gemessen. Na, wenn das nur gutgeht! Plötzlich ziert ein dicker, schwarzer Strich das Haupt von oben bis zur langen Nase – au weh, alles verpfuscht, der Filzstift läßt sich auch nicht mehr ausbleichen. Noch aber knirscht die Säge nicht, noch sind die Stimmen laut, und jeder will es besser wissen. Dann plötzlich Totenstille – ich dreh' mich um und traue meinen Augen nicht: Ein eigenartiger Witzbold hat nun entlang dieser Längsmarkierung etliche kleine Seitenstrichlein gezeichnet, das Ganze ähnelt sehr einer weiblichen Scham und die Fast-Rekordtrophäe ist versaut. Kein Lachen mehr, kein Schreien und Reden. Die Freude ist wie verflogen, alle sind schlagartig stocknüchtern. Der einzige, der dann noch eine Freude hatte, war der Präparator im Ort, denn er bekam den Auftrag, den Schandfleck unter einer Vollhauptmontage zu verstecken.

O ja, sie sind schon ein eigenes, rauhes, ungestümes Volk, diese Jäger, aber da waren sich die Österreicher und Preußen dann doch einig, daß der Bayer diesen bösen Scherz wahrlich nicht verdient hat – gewesen, gewesen war's keiner, so ein blöder Waldgnom muß sein Unwesen getrieben haben!

Sauerbraten vom Elch

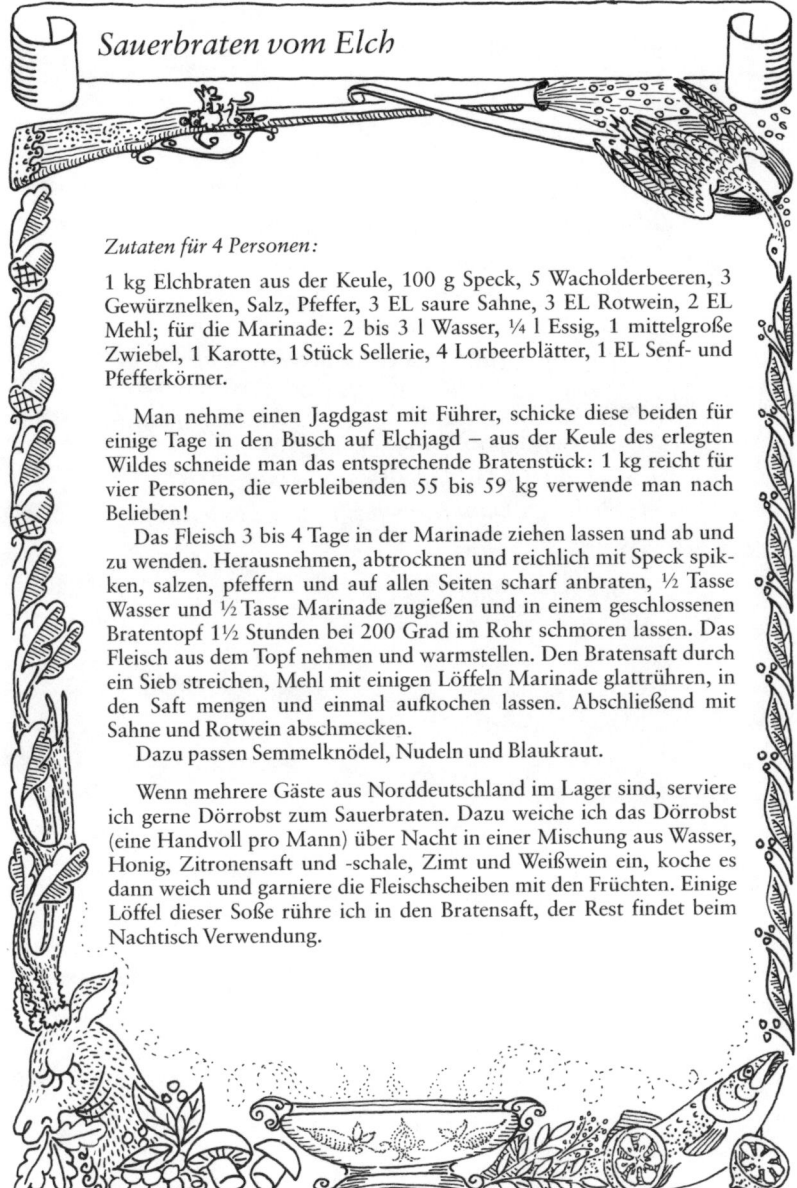

Zutaten für 4 Personen:

1 kg Elchbraten aus der Keule, 100 g Speck, 5 Wacholderbeeren, 3 Gewürznelken, Salz, Pfeffer, 3 EL saure Sahne, 3 EL Rotwein, 2 EL Mehl; für die Marinade: 2 bis 3 l Wasser, ¼ l Essig, 1 mittelgroße Zwiebel, 1 Karotte, 1 Stück Sellerie, 4 Lorbeerblätter, 1 EL Senf- und Pfefferkörner.

Man nehme einen Jagdgast mit Führer, schicke diese beiden für einige Tage in den Busch auf Elchjagd – aus der Keule des erlegten Wildes schneide man das entsprechende Bratenstück: 1 kg reicht für vier Personen, die verbleibenden 55 bis 59 kg verwende man nach Belieben!

Das Fleisch 3 bis 4 Tage in der Marinade ziehen lassen und ab und zu wenden. Herausnehmen, abtrocknen und reichlich mit Speck spikken, salzen, pfeffern und auf allen Seiten scharf anbraten, ½ Tasse Wasser und ½ Tasse Marinade zugießen und in einem geschlossenen Bratentopf 1½ Stunden bei 200 Grad im Rohr schmoren lassen. Das Fleisch aus dem Topf nehmen und warmstellen. Den Bratensaft durch ein Sieb streichen, Mehl mit einigen Löffeln Marinade glattrühren, in den Saft mengen und einmal aufkochen lassen. Abschließend mit Sahne und Rotwein abschmecken.

Dazu passen Semmelknödel, Nudeln und Blaukraut.

Wenn mehrere Gäste aus Norddeutschland im Lager sind, serviere ich gerne Dörrobst zum Sauerbraten. Dazu weiche ich das Dörrobst (eine Handvoll pro Mann) über Nacht in einer Mischung aus Wasser, Honig, Zitronensaft und -schale, Zimt und Weißwein ein, koche es dann weich und garniere die Fleischscheiben mit den Früchten. Einige Löffel dieser Soße rühre ich in den Bratensaft, der Rest findet beim Nachtisch Verwendung.

*Glutrot nimmt die Sonne den Tag mit,
verschwindet mit ihm hinter den Bergen,
verschwinden mit ihm auch die Mühen,
verschwinden mit ihm auch die Lasten,
verschwinden mit ihm auch Lachen und Freude.
Was bleibt?
Was bleibt, ist samtweiche, dunkle Nacht,
was bleibt, ist Friede und Stille,
was bleibt, ist Müdigkeit nach getaner Arbeit,
was bleibt, ist Dankbarkeit für diesen guten Tag.*

Landschaft um Rogue River, Yukon

Campidylle im Yukon

Quax – der Buschpilot

An einem kleinen See in den Bergen hat Alois aus Bayern einen kapitalen Elch geschossen. Das Austragen des Hauptes war schon eine Knochenarbeit, da es aber gesetzlich unbedingt erforderlich ist, auch das Wildbret zu bergen, chartern wir einen Buschpiloten, der uns das Fleisch mit dem Wasserflugzeug ausfliegen soll.

Ich bin nun einmal die Unternehmungslustigere von allen, und da Wolfgang seinen Pilotenschein noch nicht gar so lange hat, es auch noch ein bisserl an seiner Erfahrung mangelt, bleibe ich über, um mitzufliegen und das Fleisch zu holen.

An einem strahlenden Nachmittag fliegen wir vom Ruth Lake, quasi von der Haustüre aus, weg und landen nach halbstündigem Flug auf dem kleinen See. Die Beschreibung der Jäger, wo wir den Elch finden werden, war nicht ganz eindeutig, so müssen wir einige Kreise ziehen und dann mittels Kompaß durch den Busch. Da endlich finden wir die alte Hütte, und gleich 200 Meter daneben liegt der Koloß, den es nun in Windeseile zu zerwirken und zu verpacken gilt. Wir nehmen nur die besten Teile: Keulen, Blätter, Rückenstreifen und Filets mit, den Rest werden Wölfe und Kojoten im Nu vertilgen. Schwer schleppen wir an den Säcken mit Fleisch, bringen sie ans Ufer, wo die kleine Maschine wartet.

Eine Ladung ist fertig, Wolfgang will zwischendurch einmal ausfliegen, während ich den Rest des Wildes versorge und abholbereit ans Ufer transportiere. Die Ufer dieser kleinen Gebirgsaugen sind jedoch sehr, sehr schlammig, dicht bewachsen noch dazu, und wir können das Flugzeug nicht an Land ziehen. Also bis zur Taille in die kalten Fluten – Ende September ist der Sommer in den Bergen schon lange vorbei – und hau ruck, die schweren Säcke in das Maschinchen geladen. Wolfgang muß die Maschine aber weiter vom Ufer wegbringen, bevor er durchstarten kann.

Das einzige Paddel, das wir mithatten, ist verschwunden, treibt munter auf den Wellen weit draußen im See. Verflixt, und die Zeit läuft uns davon! So wate ich halt wieder zurück in die kalten Fluten und schiebe und stoße die kleine Piper so weit vom Ufer weg, wie es mir nur möglich ist. So, nun reicht es aber, das Wasser steht mir fast bis zum Hals! Wolfgang bekommt den Motor nicht zum Laufen. Startet, startet, aber außer einem jämmerlichen Quaken ist nichts zu hören. Nun klettert er wieder heraus und wirft den Motor mittels Propeller an. Mir steigt die Gänsehaut hoch, nicht nur, weil ich pitschnaß bin, sondern auch bei dem Gedanken – wenn ihm hier am See was passiert, was wird dann aus mir? Wie viele Piloten haben sich schon im laufenden Propeller schwer verletzt, wenn sie nicht ganz, ganz vorsichtig waren, und wir beide sind in Zeitdruck und dadurch reichlich nervös! Aber es geht alles gut, und im Nu gibt er Vollgas und hebt die Maschine über die Baumwipfel in Richtung Camp. Weg ist er!

Ich eile mit schußbereiter Waffe zum Elch zurück und löse noch schnell die Knochen aus den Keulen, damit wir mehr Fleisch unterbringen. Die Nackenhaare stehen mir zu Berge, es schüttelt mich am ganzen Körper, weiß ich doch, daß hier in dieser Ecke ein riesengroßer Grisly schon seit vielen Jahren sein Revier hat – und ich mit dem frisch duftenden Braten ganz allein im finstern Wald. Lauthals fange ich zu singen an ... „Ist das nicht ein wunderbares Leben, frei wie ein Zigeuner durch die Welt ..." Lieber wäre ich aber jetzt alles andere als frei, lieber schön brav zu Hause hinter dem Ofen und meinen Männern die Socken stopfend! Aber ich bin kein Hasenherz, zwischendurch jage ich schnell zwei Schreckschüsse durch die Luft und hoffe, daß diese zusammen mit dem Motorenlärm und meiner falschen, aber lautstarken Singerei dem Grisly das Näherkommen verleiden. Sind Bären eigentlich musikalisch?

Kurz darauf höre ich auch schon wieder das vertraute Brummen, eile mit dem letzten Sack Fleisch zum Ufer und freue mich wie ein Schneekönig, als Wolfgang wieder Richtung Ufer schwenkt. Tauche nochmals in die kalten Fluten, verlade die restlichen Säcke und tropfnaß, wie ich bin, machen wir uns auf den Heimflug. Lange Schatten liegen schon auf dem Wasser, und es ist allerhöchste Zeit, daß wir aus diesem Gebirgskessel herauskommen, sonst wird es finster. Aber wir schaffen es doch gerade noch.

Der Sonnenuntergang aus der Luft betrachtet, läßt mich Kälte und Nässe in meinen Kleidern und Knochen total vergessen, es ist einfach traumhaft schön! „Ist es nicht ein wundervolles Leben, frei wie ein Zigeuner durch die Welt..." ja, ja, das ist es!

Im Camp angelangt, wäre natürlich ein heißes Bad eine feine Sache, aber ein heißes Fußbad und schnell in trockene, warme Sachen schlüpfen, muß genügen – nur die Harten kommen durch. Dafür gibt es eine Extraportion Cognac in den Tee, krank werden während der Saison kann ich mir nicht leisten.

Fliegen, in diesen kleinen Maschinen zu fliegen, nur auf Sicht, das gehört zu einem der schönsten, aber auch aufregendsten Abenteuer – Hosenbodenflieger –, die ich nicht missen möchte, obwohl ich dabei auch immer etwas Angst verspüre. Wieder einmal liebe ich etwas in meinem Leben, was mir gleichzeitig auch Angst macht, aber so bin ich nun einmal!

Wildleber nach Tiroler Art

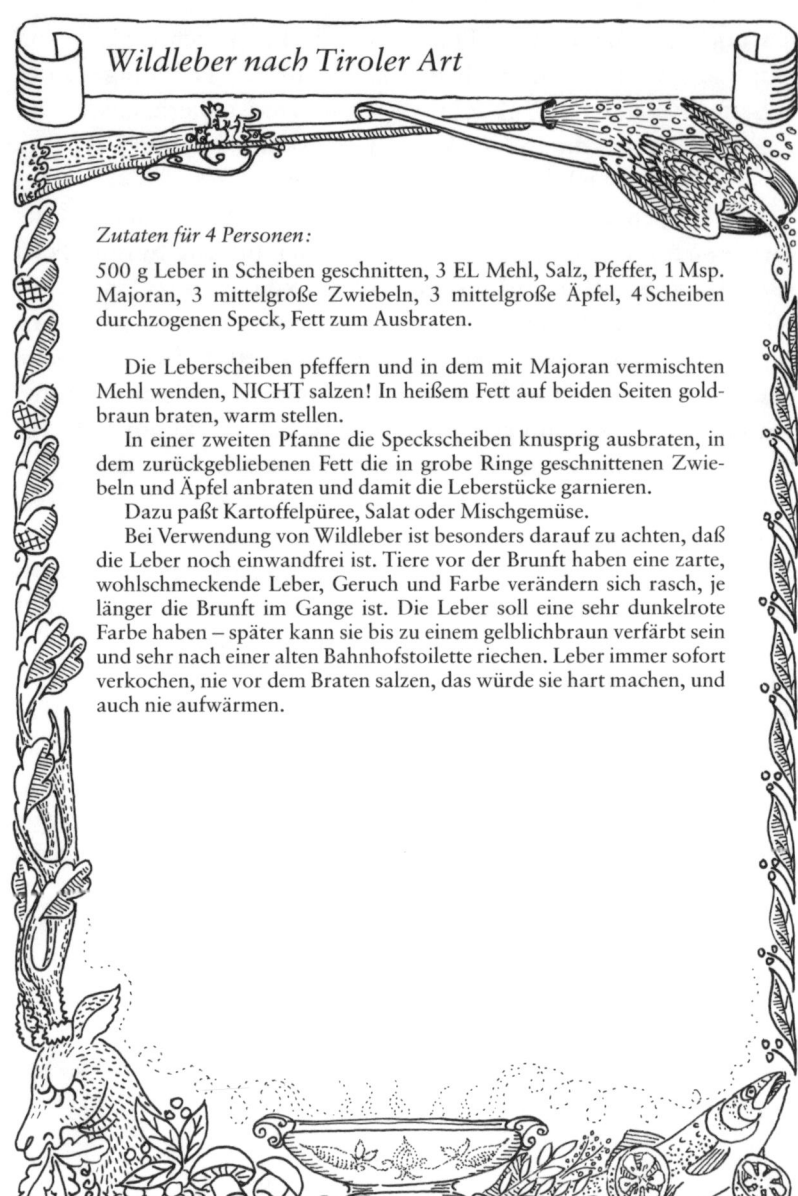

Zutaten für 4 Personen:

500 g Leber in Scheiben geschnitten, 3 EL Mehl, Salz, Pfeffer, 1 Msp. Majoran, 3 mittelgroße Zwiebeln, 3 mittelgroße Äpfel, 4 Scheiben durchzogenen Speck, Fett zum Ausbraten.

Die Leberscheiben pfeffern und in dem mit Majoran vermischten Mehl wenden, NICHT salzen! In heißem Fett auf beiden Seiten goldbraun braten, warm stellen.

In einer zweiten Pfanne die Speckscheiben knusprig ausbraten, in dem zurückgebliebenen Fett die in grobe Ringe geschnittenen Zwiebeln und Äpfel anbraten und damit die Leberstücke garnieren.

Dazu paßt Kartoffelpüree, Salat oder Mischgemüse.

Bei Verwendung von Wildleber ist besonders darauf zu achten, daß die Leber noch einwandfrei ist. Tiere vor der Brunft haben eine zarte, wohlschmeckende Leber, Geruch und Farbe verändern sich rasch, je länger die Brunft im Gange ist. Die Leber soll eine sehr dunkelrote Farbe haben – später kann sie bis zu einem gelblichbraun verfärbt sein und sehr nach einer alten Bahnhofstoilette riechen. Leber immer sofort verkochen, nie vor dem Braten salzen, das würde sie hart machen, und auch nie aufwärmen.

Der alte Fritz

Er hat nichts mit dem deutschen Regenten zu tun und ist mit seinen 76 Jahren unser bisher ältester Gast. Fritz stammt aus Kärnten, ist ein bescheidener Bergbauer, der hart arbeiten und viel sparen mußte, um sich seinen Lebenstraum – einmal Jagd in Kanada – erfüllen zu können. Immer ist er lustig und gut aufgelegt, verbreitet eine gute Stimmung im Camp, stets ein Lied auf den Lippen. Dabei ruhig, still und bescheiden – und genauso ruhig und still fallen ihm dann auch die Trophäen zu. Na ja, schwere Arbeit, lange Pürschen waren es schon, aber einen so zähen und durchtrainierten Rekken schreckt das nicht. Elch, Hirsch und sogar einen Wolf hat er schon erlegt – was fehlt auf der Wunschliste, ist ein Schwarzbär.

Und diese Beute wird zum „Gustostückerl" dieser Saison. Die Herbstjagd wird normalerweise vom Hauptcamp in den Bergen, am rund 1200 Meter hoch gelegenen Ruth Lake durchgeführt. Nur bei Ankunft oder Abreise der Gäste fahren wir zum 100 Kilometer entfernten Wohnhaus. So auch an diesem besonderen Tag. Zwei Gäste aus Bayern müssen abreisen, ich muß mich um Wäsche und Einkauf kümmern, und Fritz will mit, um zu telefonieren und der Familie seinen Erfolg mitzuteilen.

Um ½ 8 Uhr morgens sind wir beim Haus, und da ich weiß, daß rund um das Anwesen die Bären sich an „meinen" Saskatoonbeeren gütlich tun und ich mich immer beeilen muß, um genügend für Marmelade sammeln zu können, schleiche auch gleich hinters Haus und will sehen, ob schon wieder ein „Feind" in meinem Garten sitzt. Und wirklich, genau zwischen den beiden Schußscheiben, die wir für Probeschüsse aufgestellt haben, äst ein Schwarzer. Leise, ganz leise schleiche ich zurück: „Komm, Fritz, mach dich fertig, keine hundert Meter hinterm Haus sitzt dein Bär!" Erst glauben mir die Männer nicht so ganz, aber dann kommt Leben in sie. Schnell das Haustor aufsperren, in den ersten Stock ins Wohnzimmer. Nun können alle den Meister Petz sehen, wie er mir meinen Wintervorrat verkleinert! Die Balkontüre leise aufmachen, Heinrich und Fritz schleichen in Socken auf die Terrasse. Dort steht der Anschußtisch mit Sandbock, der Sessel, alles vorbereitet für die nächsten Gäste, die nächsten Probeschüsse, die jeder Jäger vor Antritt der Jagd abgeben muß.

Seelenruhig nimmt Fritz auf dem Sessel Platz, legt an und auf und „peng", da überschlägt es auch den Bären schon, und er bleibt im Feuer liegen! „Nein, so was, nein, so was, wie am Schießplatz hab' ich jetzt meinen Bären doch noch bekommen", Fritz kann's nicht fassen, helle Tränen rinnen dem alten Mann über die Wangen, und wir anderen schlucken ob seiner Freude auch ganz hart. Sein Waidmannsdank gilt nicht nur Heinrich, auch mir, und ich freue mich wie ein Kind darüber. Letzter Bissen, Totenwache, Bruch, alles nach alter europäischer Jagdtradition, auf die wir soviel Wert legen. Fritz kann es noch tagelang nicht fassen. Es war auch wochenlang das Gespräch im Camp und im Dorf. Den Bescheidenen, Dankbaren und Gütigen gibt's der Herr oft im Schlaf. Er wird sicherlich nicht noch einmal kommen können, aber so schnell werden wir ihn nicht vergessen, den liebenswerten, alten Fritz aus Kärnten.

Wildragout mit Kren (Meerrettich)

Zutaten für 4 Personen:

600 bis 700 g Wildbret aus Nacken, Blatt oder Keule geschnitten, aber auch Abschnitte, die beim Zerwirken anfallen, lassen sich gut verwenden, 300 g feingehackte Zwiebel, 2 Knoblauchzehen, 5 Wacholderbeeren, 3 Gewürznelken, Salz, Pfeffer, 3 EL saure Sahne oder Büchsenmilch, 2 EL Mehl, Bohnenkraut, Majoran, 4 EL Kren, ½ l Rindsuppe.

Die feingehackten Zwiebeln werden in Fett goldbraun angeröstet, das Fleisch in Würfel geschnitten und ebenfalls gut anbraten, dann die restlichen Gewürze einrühren, mit Suppe löschen und bei mittlerer Hitze langsam garschmoren. Kurz vor dem Auftragen die Sahne und den Kren unterrühren, es darf schön scharf sein!
Dazu passen Nudeln, Kartoffeln, Nockerl und Mischgemüse.

Schichtwechsel

Gestern ist eine Gruppe von sechs Jägern, das ist das obere Limit, nach vielseitigen Erlebnissen und anstrengenden Pürschen wohlbedient mit Trophäen abgereist. Morgen kommen die Neuen, vier Mann hoch. Für mich ist heute Großeinsatz! Alle Cabins, fünf an der Zahl in diesem Lager, und das große Küchenhaus werden durchgeputzt, die Bettwäsche gewechselt, zudem muß ich in die „town" zur Wäscherei und zum Einkaufen. Diese „town" ist Burns Lake, eigentlich mehr ein größeres Dorf mit 3000 Einwohnern, halb Weiße, halb Indianer, die in friedlicher Koexistenz zusammen leben, und sie liegt knapp 100 Kilometer vom Camp entfernt.

Geländewagen und Anhänger sind bis unter das Dach mit Lebensmitteln, Gasflaschen, Treibstoff für die Fahrzeuge und mit Werkzeugen vollgepackt, und am späten Nachmittag fahren wir wieder zurück in die Wildnis. Ich lebe gern in diesem Camp hier in den Bergen, fernab aller Hektik und Zivilisation. Es gibt nur Gaslicht, die Hütten werden mit Holzöfen beheizt, kochen muß ich auf einem alten holzbefeuerten Herd. Aber ich liebe das einfache Leben hier im Busch, wenn es auch manchmal hart ist und anstrengend, mit all den Holzarbeiten, Wildbretzerlegen, aber dabei fühle ich mich frei und unabhängig und freue mich jedesmal, wenn es wieder aus der Stadt zurück in die Berge geht.

Regen hat eingesetzt, und Heinrich und sein Allradauto haben oftmals zu kämpfen, um durch die tiefen, schlammigen Wegstellen zu kommen. Aber das schlimmste Stück liegt noch vor uns. Ein sehr großes Sumpfloch, das wir zwar immer wieder mit Steinen und Ästen auffüllen, aber wenn es regnet wie jetzt, kann der Morast grundlos werden und die Passage aussichtslos. Heute müssen wir aber durch, auf trockenes Wetter können wir nicht warten, morgen kommen die neuen Gäste. Um die Einkäufe ins Boot zu verladen, und statt der sumpfigen Wegstrecke das letzte Stück Anreise über den See zu machen, ist es auch schon zu spät; das würden wir vor Einbruch der Dunkelheit nicht mehr schaffen. Also, wer wagt, wird hoffentlich auch gewinnen.

Vierradantrieb in Super-low, langsam, langsam, wie auf rohen Eiern manövriert Heinrich das Gefährt durch den Sumpf. Tief steht das Wasser. Hier in den Bergen muß es schon länger und stärker geregnet haben als im Tal. Ich kann nur die Daumen halten und ein stilles Stoßgebet zum Himmel schicken. Schon sind wir über der Mitte, und das trockene Ende der Straße lacht uns verlockend entgegen. Da rutscht plötzlich der überladene Anhänger schräg, kommt ins Wanken und kippt um – und auch das Auto bleibt stecken. Schlamm und Wasser reichen bis an die Türen, vom Anhänger sind nur noch ein Stück Seitenwand und ein Rad zu sehen. Ein saftiger, urdeutscher Fluch zerreißt die Stille der kanadischen Wälder, „Himmelherrgott..." (Rest ist nicht mehr jugendfrei).

Wir müssen aus den Fenstern klettern, denn die Türen gehen nicht mehr auf. Gottlob und Dank für meine Gummistiefel, ohne die ich so eine Fahrt gar nicht mehr unternehme und die mich immer noch halbwegs trocken... nix da, von oben läuft mir auch schon das Wasser hinein, so tief sinke ich in den Morast. Jetzt muß ich diese „boots" verwünschen, denn die vollen, schweren Trümmer bekomme ich kaum vom Fleck, und bei jedem Schritt kippe ich fast vornüber, und es zieht mir die Stiefel aus. So kämpfe ich mich an den festen Wegrand; dort verankert Heinrich gerade das Seil der Winde an einem Baum und will versuchen, den Wagen wieder flottzubekommen. Aber der bewegt sich nicht, zu schwer steckt der Anhänger im Matsch. Also wieder zurück, in die Tiefen des Morastes tauchen und versuchen, den Anhänger auf die Räder zu bringen. Mit Hilfe einiger dünner Baumstämme und kraft der guten, alten Hebelwirkung gelingt uns das dann auch endlich. Tüten, Säcke, Kanister, Gasflaschen, Kartoffelkiste und Zwiebelsack, alles voller Schlamm und Schmutz, ich mag gar nicht daran denken, wie alles aussieht und was ich von diesem Einkauf noch werde verwenden können. Das hat aber auch Zeit bis nachher! Es wird schon langsam dunkel, und wir müssen aus diesem Schlamm heraus! Langsam, ganz langsam setzt nun die Seilwinde den Wagen in Bewegung, der Anhänger folgt schaukelnd, aber er bleibt auf seinen eigenen Rädern! Gott sei Dank, der trockene Weg ist erreicht, und kurze Zeit später sind wir dann wieder in unserem Hauptlager.

Dreck hoch drei, die halbe Nacht habe ich dann im Licht von einigen starken Taschenlampen den Anhänger entladen, geputzt, gewaschen, aussortiert und wieder geputzt. Der Schaden war nicht groß, der Speisezettel wird nicht darunter leiden und auch die neuen Gäste nicht.

Ein paarmal sind noch Zwiebeln und Kartoffeln hochgestiegen, wenn wir durch den Sumpf mußten, aber bald war von unserer Schlammschlacht nichts mehr zu sehen. Auch das gehört zu meinem täglichen Leben, immer auf das Schlimmste vorbereitet zu sein. Fragen Sie mich, was mir daran so Spaß macht? Ich will es gerne verraten – es ist die ständige Herausforderung durch die Natur, das ständige Suchen nach den eigenen Grenzen, vielleicht bin ich aber auch nur um Jahrhunderte zu spät geboren!

Wildstrudel

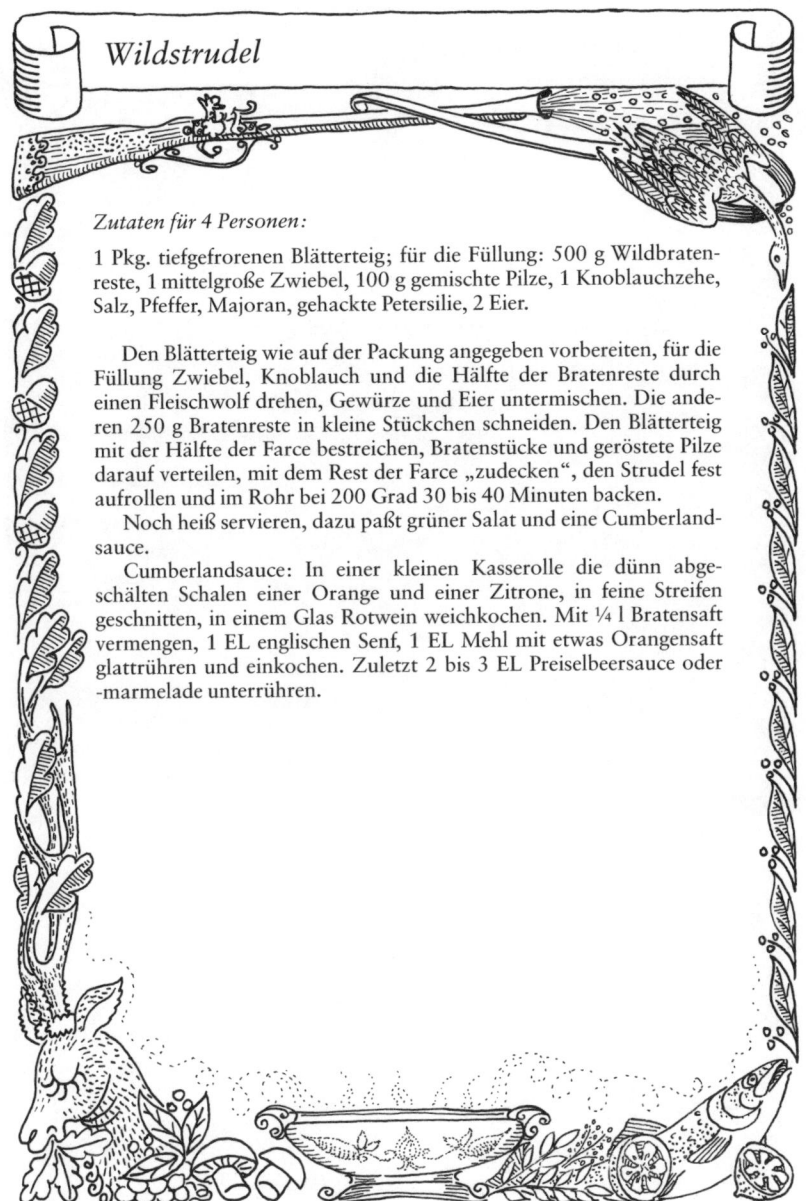

Zutaten für 4 Personen:

1 Pkg. tiefgefrorenen Blätterteig; für die Füllung: 500 g Wildbratenreste, 1 mittelgroße Zwiebel, 100 g gemischte Pilze, 1 Knoblauchzehe, Salz, Pfeffer, Majoran, gehackte Petersilie, 2 Eier.

Den Blätterteig wie auf der Packung angegeben vorbereiten, für die Füllung Zwiebel, Knoblauch und die Hälfte der Bratenreste durch einen Fleischwolf drehen, Gewürze und Eier untermischen. Die anderen 250 g Bratenreste in kleine Stückchen schneiden. Den Blätterteig mit der Hälfte der Farce bestreichen, Bratenstücke und geröstete Pilze darauf verteilen, mit dem Rest der Farce „zudecken", den Strudel fest aufrollen und im Rohr bei 200 Grad 30 bis 40 Minuten backen.

Noch heiß servieren, dazu paßt grüner Salat und eine Cumberlandsauce.

Cumberlandsauce: In einer kleinen Kasserolle die dünn abgeschälten Schalen einer Orange und einer Zitrone, in feine Streifen geschnitten, in einem Glas Rotwein weichkochen. Mit ¼ l Bratensaft vermengen, 1 EL englischen Senf, 1 EL Mehl mit etwas Orangensaft glattrühren und einkochen. Zuletzt 2 bis 3 EL Preiselbeersauce oder -marmelade unterrühren.

Wildsülze mit Gelatine

Bratenreste vom Wild, gekochtes Gemüse, Essiggurken, hart gekochte Eier, ergeben eine herrliche Resteverwertung in Form meiner berühmten Wildsülze, von der nie genug Vorrat war!

Für den Sud koche ich eine Suppe aus den Knochen und Abschnitten vom Wildzerlegen, die noch warme Brühe entfetten, mit Essig, Salz, Pfeffer und Weißwein pikant säuerlich abschmecken, und Gelatine einrühren. Fleisch und Gemüse untermischen, Förmchen mit Eierscheiben und Essiggurken auslegen, Sülze einfüllen und erstarren lassen!

Schneider

Natürlich fürchtet so mancher Gast, der voll Erwartungen und Hoffnungen hier anreist, daß irgend etwas schiefgehen könnte und er als „Schneider" nach Hause reisen muß. Und wer wird schon gerne ein solcher Schneider im Leben? Aber genauso natürlich ist es, daß einfach trotz aller nur erdenklichen Bemühungen einmal der Jagderfolg ausbleiben kann. Man rätselt dann über die Gründe, sucht einen Schuldigen – aber Diana, die Launische, kümmert sich darum nicht.

Zwei sehr bedauernswerte „Schneider" hatten wir bei einer Herbstjagd in Britisch-Kolumbien, noch dazu Vater und Sohn, Fritz und Hubert aus Oberösterreich. Bei ihnen wollte und wollte einfach nichts klappen, es war zum Verzweifeln, aber Wunder kann niemand bewirken. Als sie ankamen, waren sie voll Begeisterung. Die ersten drei Tage im Camp hoch in den Bergen waren für sie wie ein Märchen von Hänsel und Gretel und unsere Hütten die reinsten Knusperhäuschen. Am vierten Tag dann verlor Hubert auf der Überfahrt über den See seinen neuen, teuren Fotoapparat, und nun schien die Unglückswelle nicht mehr abzureißen. Das Wetter spielte außerdem verrückt, aber endlich kam Schnee. Die Brunft der Elche war im vollen Gange, die Schwarzbären aber waren zum Großteil schon in den Höhlen. Trotzdem gelang es uns, Hubert zwei schwarze Gesellen vorzuführen, aber er schoß daneben – auch so ein Kapitel. Wenn alle Schüsse, die in unserem Revier bereits abgegeben wurden, Treffer geworden wären, dann hätten wir mehr als 100 Prozent Erfolg. Aber auch ein Fehlschuß ist menschlich, sehr menschlich, die Aufregung, plötzlich vor dem heißersehnten, lange gesuchten Wild zu stehen, die Größe z. B., eines Elches, lassen den Jäger oft vor Schreck und Staunen alle nützlichen Reaktionen vergessen. „So a Riesenviech, na, so a Riesenviech", stammelt er und vergißt ganz das Anlegen so wie das Schießen, trotz der ungeduldigen Ermahnungen des Führers, und dann kann es schnell zu spät sein!

Aber das ist alles nur menschlich. Zu menschlich waren dann auch die Pannen, die dazu führten, daß die beiden liebenswerten Gäste aus Österreich ohne Beutestücke nach Hause reisen mußten. Vater Fritz hatte noch das Handicap eines amputierten Beines, aber da das Revier von vielen alten Foststraßen durchzogen ist und auf den vielen Seen auch vom Boot aus gejagt werden darf, was dem Mann lange beschwerliche Pürschgänge erspart, sahen wir in dieser Tatsache kein Hindernis, ihn normal zum Erfolg bringen zu können. Erster „Patzer" war der Verlust des teuren ertrunkenen Fotoapparates, der die Stimmung und den Elan der beiden sehr beeinträchtigt hat. Hubert verpaßte dann die beiden Bären; da er jedoch gut bei Kondition war, wurde er einige Male an sehr gute Schaufler gebracht. Er konnte sich jedoch für keinen entscheiden und wollte auf einen noch besseren, stärkeren warten. Auch so ein Spiel, das ins Auge gehen kann. Jäger, die in Britisch-Kolumbien auf Elche jagen, müssen wissen, daß die Auslage dieser Waldelche kaum mit den weitausladenden, fast brettartig geraden Schaufeln der Alaska- und Yukon-Elche zu vergleichen ist. In B. C. zählt die Höhe und die formschöne Kelchbildung des Geweihs. Leider wird hier kein Gewicht der Trophäe ermittelt wie bei Rotwild in Europa, da würden unsere Elche nicht nachstehen, aber es geht hier um Zoll bzw. Zentimeter! So ging nun also die Suche nach dem Kapitalen über Tage weiter, Jagdgast und Jagdführer wurden langsam ungeduldig und unzufrieden, hatte man doch drei wirklich gute Schaufler im Anblick gehabt. Es ist für den Jagdführer jedesmal eine bittere Enttäuschung, wenn der Gast nicht schießen will. Aber er ist König, und für sein Geld soll er eben weitersuchen, das ist unsere Arbeit, unser Geschäft.

Dann entdecken Heinrich und Hubert hoch oben am Berg doch noch einen wirklich kapitalen Schaufler. Frei sehen sie ihn in gut einem Kilometer Entfernung den Hang hinaufziehen. Schnell den Wind geprüft, und dann pürschen sie den Starken an. 800 Meter, 500 Meter, 300 Meter, Krüppelföhren und Erlengestrüpp verdekken immer wieder die Sicht, aber der Elch zieht nun auch noch in ihre Richtung, 250 Meter, 200 Meter, ein guter Schuß kann nun mit etwas Geduld angebracht werden. Heinrich weist den Schützen an, sich bereit zu machen und, sobald Haupt, Träger und Blatt hinter einer Buschgruppe erscheinen, zu schießen, „das Magazin leerzuschießen, wenn es sein muß", denn Elche in der Brunft sind derart hart, daß sie selbst mit guten Treffern noch auf den Läufen bleiben und weit ziehen können.

Heinrich hat das Glas an den Augen und beobachtet das Wild genau, Hubert steht vielleicht zwei Schritte hinter ihm – da wird er blaß, läßt sein Glas sinken, stupft Heinrich an die Schulter, sagt, er möge schnell einmal das Gewehr halten, und verschwindet hinter einem Felsen. Zu sehr ist ihm die Aufregung, endlich das gesuchte, ersehnte Wild vor Augen zu haben, in die Gedärme gefahren, und er muß aus den Hosen. Als er mit seinem „Geschäft" fertig war, da war der Elch mit einigen Fluchten bereits hinter der nächsten Kuppe verschwunden, und selbst eiliges Nachhetzen auf der frischen Fährte brachte keinen Erfolg mehr – menschlich, nur allzu menschlich!

Vater Fritz nun, mit seinem Problembein, wurde sehr früh am Morgen mit dem Sumpffahrzeug zu einer Ansitzkanzel gebracht. Proviant, heißer Tee, alles für stundenlanges Ansitzen war bereit, einen dicken Daunenschlafsack bekommt er noch mit, damit ihm ja nicht kalt wird. So saß er dann geduldig, echt waidmännisch die Umgebung immer wieder abglasend, einen Schluck Rum mit Tee aus der Kanne nehmend, und wartete. Da die Nächte an solch intensiven Jagdtagen normalerweise sehr kurz sind, Fritz nicht mehr zu den ganz Jungen gehört, Daunenschlafsack und Getränk das ihre taten, verschlief er im wahrsten Sinne des Wortes seinen Elch.

Bei einer Zwei-zu-Eins-Führung – also der Vereinbarung, daß

Am Gipfel des Berges
wenn das Auge ins Unendliche blickt,
am Gipfel des Berges,
wenn das Gefühl der Freiheit grenzenlos ist,
am Gipfel des Berges,
wenn der Wind mir den Kummer verbläst,
am Gipfel des Berges,
wo Einsamkeit greifbar ist,
am Gipfel des Berges,
da weiß ich, daß ich hierher gehöre,
am Gipfel des Berges,
so klein vor Gottes Allmächtigkeit,
am Gipfel des Berges,
da ist endlich Friede auch in mir.

Landschaft im Kluane Lake Park

...*mit der kleinen Bimmelbahn*...

Anreise an die Sustut-River-Lodge, B. C.

ein Jagdführer für zwei Jagdgäste zuständig ist – wird ein Gast für eine Weile auf einem erfolgversprechenden Hochsitz angesetzt, während der Jagdführer mit dem anderen auf Pürsch ist. So war es auch hier, als Heinrich dann mit Hubert nach erfolgloser Suche zu Fritz zurückkehrte, schlummerte dieser noch friedlich, aber keine 80 m neben der Kanzel hatte ein Schaufler seine frische Fährte in den Schnee gedrückt, und auch die hinterlassene Losung glänzte noch vor Frische – Pech.

Menschlich, zutiefst menschlich, der eine macht sich fast in die Hosen vor Freude und Aufregung, der andere verschläft seine Chance – beides gerade in den entscheidenden Momenten, die dann unwiederbringlich vorbei sind. Wer hat Schuld? Doch keiner, Jagd ist eben auch Glückssache, die beiden hatten es leider nicht. Gut, bei einer teureren Eins-zu-Eins-Führung hätte der Guide Fritz sicherlich geweckt, aber dieses Geld wollte er nicht auslegen – billiger kann oft viel, viel teurer sein!

Dazu kamen dann auch noch kleinere Ärgernisse, z. B. erlegten beide je einen Schneeschuhhasen und einige Grouse (Waldhühnchen) und wollten die Pfoten bzw. den Stoß als Souvenir mit nach Hause nehmen. Fritz sah sich schon am Jägerstammtisch mit der seltenen Trophäe am Hut, aber ... wir leben im tiefen Busch, und die beiden hatten sowohl die Pfoten als auch den Stoß zum Trocknen auf eine Bank vor ihrer Hütte gelegt. Maxl, mein handzahmes Hermelin, hat den „Braten" gleich gerochen und, bevor ich noch rettend eingreifen konnte, alles versteckt und vergraben. Schade, schade, aber es war nicht mehr zu ändern.

So wurden nun die beiden in München von ihren Frauen mit dem Auto abgeholt, der neue Dachgepäckträger, den sie zum Heimtransport der Trophäen gekauft hatten, war eine zusätzliche, vergebliche Ausgabe. Ihr Kummer, bei der nächsten Karnevalssitzung im Ort belächelt und verspottet zu werden – weil man ja am Stammtisch schon soooo große Reden geschwungen hatte –, war natürlich auch nicht aufbauend, dafür ebenfalls menschlich, nur zu menschlich.

Wir alle hätten ihnen gerne den Erfolg gegönnt, nicht nur, weil ein Schneider auch für unsere Tätigkeit schlecht ist, sondern auch, weil sie wirklich liebe, nette Menschen waren, keine gierigen Schießer, Jäger aus echtem Schrot und Korn, aber weder Fortuna noch Diana waren ihnen hold. Ich kann nur wünschen, daß sie es sich nicht endgültig verdrießen lassen und doch eines Tages wieder ihr Heil bei der Jagd in Kanada versuchen.

Pikante Rouladen vom Elch

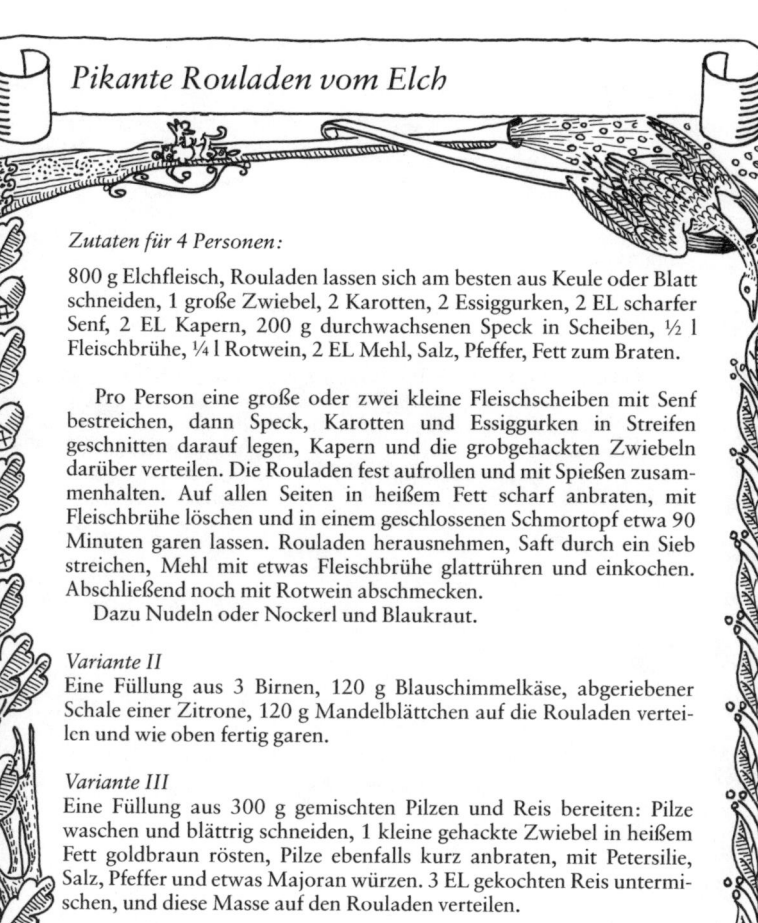

Zutaten für 4 Personen:

800 g Elchfleisch, Rouladen lassen sich am besten aus Keule oder Blatt schneiden, 1 große Zwiebel, 2 Karotten, 2 Essiggurken, 2 EL scharfer Senf, 2 EL Kapern, 200 g durchwachsenen Speck in Scheiben, ½ l Fleischbrühe, ¼ l Rotwein, 2 EL Mehl, Salz, Pfeffer, Fett zum Braten.

Pro Person eine große oder zwei kleine Fleischscheiben mit Senf bestreichen, dann Speck, Karotten und Essiggurken in Streifen geschnitten darauf legen, Kapern und die grobgehackten Zwiebeln darüber verteilen. Die Rouladen fest aufrollen und mit Spießen zusammenhalten. Auf allen Seiten in heißem Fett scharf anbraten, mit Fleischbrühe löschen und in einem geschlossenen Schmortopf etwa 90 Minuten garen lassen. Rouladen herausnehmen, Saft durch ein Sieb streichen, Mehl mit etwas Fleischbrühe glattrühren und einkochen. Abschließend noch mit Rotwein abschmecken.
Dazu Nudeln oder Nockerl und Blaukraut.

Variante II
Eine Füllung aus 3 Birnen, 120 g Blauschimmelkäse, abgeriebener Schale einer Zitrone, 120 g Mandelblättchen auf die Rouladen verteilen und wie oben fertig garen.

Variante III
Eine Füllung aus 300 g gemischten Pilzen und Reis bereiten: Pilze waschen und blättrig schneiden, 1 kleine gehackte Zwiebel in heißem Fett goldbraun rösten, Pilze ebenfalls kurz anbraten, mit Petersilie, Salz, Pfeffer und etwas Majoran würzen. 3 EL gekochten Reis untermischen, und diese Masse auf den Rouladen verteilen.

Elchfleisch ist wie jedes Wild sehr mager und verträgt viel Speck – die Jäger arbeiten die Kalorien bei ihren Pürschen auch leicht ab, daher spare ich nicht mit Speck und wickle oft auch noch eine Lage bei den Rouladen außen herum, um diese saftiger zu machen.

Einfaches Schmalzgebäck

Zutaten für 4 Personen:

400 g Mehl, 2 EL Trockenhefe, 2 EL Dosenmilch, 40 g Butter, 75 g Zucker, 1 Pkg. Vanillezucker, 2 Eier, Saft und Schale einer Zitrone.

Mehl in eine Schüssel geben, eine Mulde in der Mitte machen, darin Trockenhefe, Zucker und Milch gehen lassen. An einem warmen Ort etwa 30 Minuten ruhen lassen, Butter, Eier, Vanillezucker und Zitronen einrühren. Teig auf ein Brett herauslegen und fest durchkneten. Nochmals 30 Min. ruhen lassen, ausrollen und in 5 cm lange, 2 cm breite Streifen schneiden. Diese schwimmend in heißem Fett ausbakken. Mit Zucker und Zimt bestreuen, eventuell Apfelmus dazu servieren. Heiß verzehren – Vorsicht bei Gallenleiden!

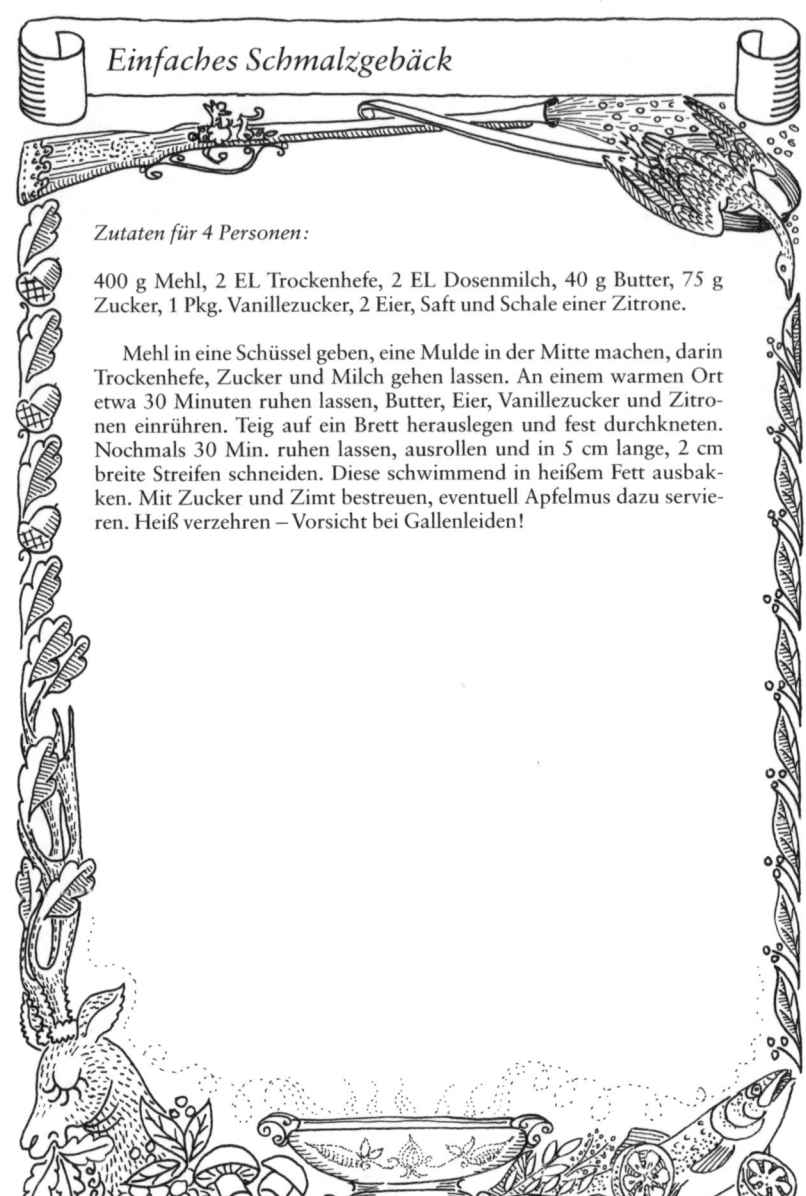

Sustut-River-Lodge

Wie abenteuerlich und risikoreich die Anreise für die Mannschaft in ein Jagdlager sein kann, erfuhr ich gleich bei meinem ersten Frühjahrseinsatz in einem Revier nördlich von Smithers in Britisch-Kolumbien.

Aus Österreich hatten sich fünf Frühjahrsbärenjäger angesagt, und so mußten wir einige Tage vor deren Eintreffen aufbrechen, um nach der langen Winterpause das Jagdlager für unsere Gäste herzurichten. Fünf Gäste, fünf Führer, der Koch – alles berechnet für einen Aufenthalt von zwei Wochen, da kommt schon eine Menge zusammen. Wir charterten bei einem lokalen Flugzeugverleih eine DC 3, die uns mit all unserem Gepäck, den Lebensmitteln, Außenbordmotoren, Treibstofftanks, Öfen, Duscheinrichtungen, Motorsägen sowie einem kleinen Sumpffahrzeug die ersten 150 Meilen in die Wildnis einfliegen sollte. Das Flugzeug war bis auf unsere drei Sitzreihen vollständig ausgeräumt worden, und es hat einen halben Tag gedauert, bis alle unsere Kisten und Kartons, das ganze Equipment, untergebracht waren.

Am frühen Nachmittag ging es dann endlich los, das Wetter war miserabel, Regen, schlechte Sicht, die Berge dick in Wolken gehüllt und Windböen bliesen aus unterschiedlichen Richtungen. Wahrlich, dieser Flug war kein reines Vergnügen. Knapp über den Baumwipfeln und entlang der Grate mußte sich der Pilot die Übergänge ins nächste Tal suchen, fast im Tiefflug ging es dann den Upper-Skeena entlang, und schließlich lag, nach einer guten Flugstunde, im Nirgendwo die Landepiste.

Was man hier im Busch so großspurig Piste nennt, entpuppte sich als schmaler, holpriger Schotterweg neben den Geleisen einer toten Bahnlinie. Der Pilot mußte eine halbe „Ehrenrunde" drehen, um gegen den Wind zu landen, anders wäre der Bremsweg zu lang für diesen kurzen Strip (Strip = Airstrip = Landebahn) geworden. Beim Eintauchen in den Wald rasierten wir mit der linken Tragfläche einige Wipfel, aber dann hopsten und holperten wir doch glücklich wieder über festen Boden dahin und kamen knapp vor Ende der Piste zum Stillstand.

Das Herz war überall, nur nicht dort, wo es hingehört, es pendelte zwischen Hals und Hose, und die Erleichterung, endlich festen Boden unter den Rädern zu haben, war nicht nur bei mir riesengroß. Aber Zeit zum Fürchten – im nachhinein – war keine, schnell entluden wir die Maschine, denn der Pilot mußte heute wieder nach Smithers zurück und bei diesem Schlechtwetter setzt auch die Dunkelheit früher ein.

Unter Ächzen und Stöhnen wurden nun alle mitgebrachten Kisten, Kartons, Möbelstücke und Fahrzeuge entladen und neben dem Schienenstrang aufgebaut. Diese Bahnlinie ist eine Besonderheit in B. C., Anfang der 40er Jahre wollte man eine Bahnverbindung zwischen Prince George und Alaska bzw. der Küste durch die Berge führen, um Holz und Mineralien schneller transportieren zu können. Von den projektierten 800 bis 1000 Kilometer Schienen wurden aber nur rund 300 Kilometer verlegt, dann ging der Regierung das Geld aus, und nun endet diese Bahn irgendwo im Nichts. Die Schwellen modern friedlich vor sich hin. Um die 60 Kilometer dieser Schienen können wir aber für die Anreise in unser Camp verwenden, und die Transportkosten sind zu ebener Erde um ein Wesentliches geringer, als wenn alles per Flugzeug befördert werden muß.

Denis, gebürtiger Kanadier, praktisch, findig und mit echtem Pioniergeist, hat aus einer kleinen Draisine, wie man sie beim Bau der Eisenbahnlinie verwendete, mit Hilfe von Außenbordmotoren und einem Holzhäuschen-Aufbau ein ganz passables Zügelchen gebastelt. In und auf dieses werden nun all unsere Schätze verladen, ein Anhänger wird angekoppelt, der das Sumpffahrzeug aufnimmt und den Sprit, und die Fahrt mit der kleinen Bimmelbahn kann beginnen. Gerne möchte ich das Lied von der Schwäbischen Eisenbahn singen, an die Fenster gehören Schilder mit „Blumenpflücken verboten", aber auch „zwischen Salzburg und Bad Ischl fährt so eine liebe, kleine Eisenbahn", all das kommt mir in den Sinn.

In gemächlicher Fahrt – Höchstgeschwindigkeit 30 Stundenkilometer – zuckeln wir durch den herrlichen Frühlingswald. Da und dort sind noch Schneereste entlang der Schienen, aber auch schon viele saftig grüne Plätzchen, auf denen wir hoffen, die Bären zu finden. Einmal geht es nur im Schrittempo durch einen kleinen See, der laut Aussage von Denis im Herbst noch nicht hier war und auch kein Schmelzwasser sein kann. Bald finden wir die Ursache für diese Überschwemmung heraus. Die Biber haben zwei neue Dämme errichtet, daher die Fluten, mit denen wir nicht gerechnet haben. Leider werden wir hier einige bauliche Veränderungen an den herrlichen Burgen und Dämmen vornehmen müssen, denn das Wasser unterspült den Bahnkörper, und über kurz oder lang wäre dieser dann nicht mehr befahrbar.

Nach zweistündiger Fahrt, bei der ich aus dem Staunen nicht herausgekommen bin, sind wir dann an der Endstation. Die Schienen laufen zwar noch weiter in Richtung Westen, Richtung Küste, aber hier sind wir ganz nahe am Fluß, und per Boot legen wir die letzte Etappe bis zur Lodge zurück.

Wie hat Shawn so witzig vor dem Abflug gesagt – „Wart's ab, Heide, wenn wir den Flug überleben, dann killt uns vielleicht die Bahn, wenn wir die Bahn überleben, dann killt uns vielleicht der Fluß!" – Nun denke ich, ich bin doch nicht hierher gekommen, um mich killen zu lassen. Aber wie knapp es war, das sollte mir die nächste Stunde nur zu deutlich vor Augen führen. Natürlich weiß ich, wissen wir alle, die wir im Busch leben, daß Gefahr auf Schritt und Tritt lauert. Gerade darum lebe ich sehr bewußt, lebe jeden Tag so, als ob es der letzte sein könnte, aber ich LEBE, genau nach meinem innigsten Wunsch.

Das Boot entpuppte sich als stabiles Riverboat, ohne Kiel, bzw. fast ohne, liegt es flach und breit im Wasser. Mit zwei starken

Motoren ausgerüstet, was soll da schon passieren? Vollgepackt – zu voll für meinen Geschmack – bis an den Rand, dann noch Hans, Shawn und ich oben auf den Kisten. Der Motor startet, hustet, dann schnurrt er regelmäßig, und ab geht es auf dem sehr reißenden, hochwasserführenden Sustut, die letzten 15 Kilometer bis zum Camp. Wieder kommt mir eines der Wanderlieder in den Sinn, vom lustigen, herrlichen Leben, frei wie ein Zigeuner durch die Welt – da plötzlich hustet und spuckt der Motor und schweigt dann stumm. Mir wird erst heiß und kalt, dann nur mehr kalt, eiskalt. Vor uns liegen wieder einige „whitewater" – Stellen, kleinere Stromschnellen, die man am besten mit Vollgas in voller Fahrt durchsticht. Wir aber fangen bereits an, langsam zu treiben, und die Flüche, die Shawn, der Bootsführer, nun losläßt, sind bei bestem Willen nicht druckreif. Das Benzin aus dem einen Kanister ist verbraucht, der Schlauch muß nun in Windeseile auf den anderen Tank umgesteckt werden. Es klappt auch soweit ganz gut, aber wir treiben schneller und immer schneller nun schon mit der Breitseite auf die kritische Wasserpassage zu. Herrgott, hilf, das ist alles, was ich noch denken und beten kann. „Get out of boots and jacket and hang to the boat, hang to the boat" (raus aus den Stiefeln und Jacken und häng dich ans Boot), mit angstverzerrter Stimme erteilt Shawn den Befehl, dem ich unverzüglich nachkomme, aber schön vorsichtig und mit keinen ruckartigen Bewegungen, sonst kentern wir auch noch ohne Absicht. Kann sich jemand vorstellen, wie kalt es einem da werden kann? Und trotzdem steht mir der Schweiß auf der Stirn und rinnt den Rücken runter, Angstschweiß, soll das wirklich das Ende sein? Der Fluß ist reißend, wie die Gebirgsbäche zu Hause, Eis noch an den Rändern, braun und undurchsichtig von den Muren und Schmelzwassern. An das Ufer schwimmen – gar nicht daran zu denken, am Boot festhalten, solange man es irgendwie aushält, das ist die einzige Überlebenschance – Schwimmwesten? Für die Gäste ein Muß, ein Gesetz, wir von der Crew – wozu denn?

Aber dann, dem Himmel sei Dank, der Motor startet wieder,

spuckt noch einmal, geht dann in einen gleichmäßigen Takt über, und in Bruchteilen von Sekunden gibt Shawn „full power" (Vollgas), und wir schießen wie eine Rakete durch die Schnellen. Ab da ist es nicht mehr weit bis zum Camp. Wir legen am Ufer an, binden das Boot fest, klettern ans Ufer und sitzen wie versteinert auf einigen Baumstümpfen. Keiner ist eines Wortes, einer Handlung fähig, alle schlottern wir, allen steht uns noch die Angst im Gesicht. „This was pretty close" (das war sehr knapp), sind Shawns erste Worte, mein Englisch ist futsch, ich kann nur nicken und verschwinde hinter den nächsten Büschen, denn dieser Schreck ist mir doch arg an die Nieren gegangen!

Aber der Tag ist noch nicht zu Ende. Rasch, rasch, rasch das Boot entleeren und dann wieder zurück, um die nächste Ladung Material und Mensch zu holen. Zum Nachdenken sind die Nächte da, am Tag ist Arbeit das oberste Gebot, und die allein hilft oft, einen Schreck rasch zu überwinden.

Abends dann, in der behaglichen, wunderschön ausgestatteten Lodge, nach einem guten Essen, beim Feuer im Kamin, mache ich meine kanadischen Burschen mit der herrlichen Erfindung des Glühweines bekannt, der wärmt so schön von innen und bringt uns zum Reden, da lösen sich unsere Zungen endlich. Und daß wir jetzt reden, uns die Angst von der Seele reden, das Erlebte verarbeiten, ist so unendlich wichtig. Denn bald geht es wieder auf eine Fahrt, auf einen reißenden Fluß, und wenn wir dann die Angst in unserem Gepäck haben, dann reagieren wir vielleicht nicht mehr so kühl und überlegt, dann kann Panik aufkommen, und die kann einen tödlichen Fehler nach sich ziehen. Wir, wir von der Crew, müssen Vorbild sein, wir müssen unseren Gästen die schönen Seiten unseres Buschlebens so richtig schmackhaft machen. Wir müssen beruhigend auf sie wirken und überzeugt sein davon, daß es nichts Schöneres gibt, als so zu leben, wie wir es eben tun – und davon bin ich ja in tiefster Seele überzeugt.

Übrigens, keiner der Gäste, die wir in dieser Lodge einquartieren, muß die Anreise auf diese abenteuerliche Weise machen.

Unsere Besucher werden von Smithers mit dem Wasserflugzeugt direkt vor der Haustüre am Fluß abgesetzt, brauchen so auch nur die halbe Anreisezeit – versäumen aber auch ein Stückchen wahres Abenteuer. Nur, wer will das ohnehin heute noch hautnah haben, das sieht man sich doch lieber im Fernsehen an oder liest darüber!

Die kommenden Tage verliefen harmonisch, das Wetter besserte sich so rasch, daß es bald an allen Ecken und Enden grünte und blühte, unsere Gäste voll auf ihre Rechnung kamen und sehr glücklich und zufrieden wieder abreisten.

Abschiedwinkend stand ich noch am Ufer und sah sie ausfliegen, kaum war die Maschine hinter der nächsten Flußbiegung verschwunden, hieß es wieder packen, sortieren und nochmals packen. Es ging weiter in ein anderes Camp. Lebensmittel, die nicht verderben über die nächsten Wochen, wurden maus- und mardersicher verstaut, verderbliche Güter mußte ich wieder mitnehmen. Viel war es nie, denn mittlerweile hatte ich gelernt, genau zu kalkulieren. Jedes Gramm zuviel ist auch ein Dollar zuviel, die Transportkosten zählen mit zu den größten Ausgaben dieses Betriebes. Alles wurde wieder ins Boot verladen, und die Reise begann, nun in umgekehrter Richtung. Aber diesmal gab es keine Pannen auf dem Wasser, alles lief glatt, auch die Fahrt mit der Bimmelbahn. Im Sommer werden dann Fischer in dieser Lodge einquartiert, und im Herbst wird sie wieder von einer Gruppe von Jägern bewohnt werden.

Aber das Abenteuer Sustut sollte für uns noch nicht zu Ende sein! Gegen 16 Uhr erreichen wir die Landebahn, schichten alle mitgebrachten Utensilien fein säuberlich auf und warten auf das Flugzeug, das uns verabredungsgemäß ausfliegen soll. Hans und Shawn wollen gleich zurück nach Smithers, während Jim, Bob und ich zum Kluan-tun-tun-Fluß streben, um dort ein neues Camp vorzubereiten, die jagdlichen Gegebenheiten zu erkunden und einige Ansitzleitern zu errichten. Wir warten und warten, das Wetter hat sich mittlerweile wieder verschlechtert, es wird langsam später Nachmittag, und wir bezweifeln schon, ob wir heute noch aus diesem

Tal kommen werden. Oft und oft glauben wir, das ersehnte Brummen des Flugzeuges zu hören, aber es ist nur der Wind in den Bäumen und das Rauschen des Flusses – die Zeit dehnt sich endlos. Wir beginnen zu frieren und werden hungrig. Alle Kleidungsstücke, die wir mitgebracht haben, ziehen wir an, Regen setzt ein, eine Plastikplane muß ein Zelt ersetzen und uns vor der Nässe schützen. Mitte Mai kann es noch empfindlich kalt sein, hier in den Bergen im Norden der Provinz. Wir packen unsere Schlafsäcke aus, kauen lustlos an Äpfeln und Nüssen, trinken Wasser aus dem Fluß, das so kalt ist, daß es an den Zähnen schmerzt. Heute also werden wir nicht mehr abgeholt – gestrandet in der Wildnis Kanadas! Denis ist mit dem Zügelchen sofort wieder zum Camp zurückgefahren, in diese Richtung besteht also auch keine Verbindung mehr. Was bleibt also anderes übrig, als uns hier für die Nacht einzurichten. Wir rücken eng zusammen, um uns gegenseitig zu wärmen, unsere Waffen liegen griffbereit, denn aus den Kisten und Schachteln duftet es verlockend nach Schinken und Speck, und die Bären sind hungrig aus den Höhlen gekommen.

Abwechselnd übermannt uns der Schlaf, und selbst der harte, steinige Boden stört nach einer kurzen Zeit nicht mehr, der Körper verlangt sein Recht, und so schlummern wir dahin. Die schwarzen Gesellen haben uns in Ruhe gelassen – wahrscheinlich war ihnen das Wetter auch zu schlecht –, und als es endlich wieder hell wird, erheben wir uns unter Ächzen und Stöhnen. Jeder Knochen tut mir einzeln weh, ich wußte gar nicht, daß es soooo viele sind!

Einen Apfel und ein Stück Schokolade zum Frühstück – wie schön wäre jetzt ein Häferl heißer, schwarzer Kaffee – warten, warten, warten. Hier lernt man wieder Geduld, eine Tugend, die in Europa schon in Vergessenheit geraten ist.

Gegen Mittag hören wir das Brummen eines Flugzeuges, aber es ist viel zu hoch über uns, es kann nicht unsere Maschine sein, schade. Aber wenn einer fliegen kann, dann muß sich das Wetter gebessert haben, auch wenn es in unserem Tal nicht so aussieht, und dann kann auch unser Pilot fliegen. Wir müssen aber noch zwei

Stunden warten, bis endlich die kleine Cessna 208 in unser Tal schwenkt. „Nichts wie raus hier, in den Bergen braut sich ein gewaltiges Unwetter zusammen", berichtet der Pilot und treibt uns zur Eile an.

Kluan-tun-tun-Strip und -Fluß sind noch kein richtiges Camp, besteht derzeit nur aus einer alten, verkommenen Trapperhütte, aber die Gegend ist wildreich, der Fluß im Sommer und Herbst voller Lachse. Hier wollen wir vergrößern und ein nettes Camp aufbauen. Die Flugschneise gehört erweitert, verbessert, entlang des Flusses werden wir einige Ansitzkanzeln errichten, denn im Herbst sind uns hier die Bären beim Fischen sicher.

Das Revier erstreckt sich auch jenseits des Flusses, so erneuern und verbessern wir die „cable-car", also die Seilbahn, die uns ans andere Ufer bringen soll. Hui, ist das eine lustige Fahrt über die reißenden Wirbel hinweg. An zwei besonders starken Fichten wird in einer Höhe von etwa drei Metern das Doppelseil befestigt, eine kleine Sitzplattform daran montiert, und mit Schwung geht es bis ungefähr zur Mitte des Flusses. Dann muß man sich mit eigener Kraft, Hand über Hand, ans andere Ufer hinüberarbeiten, das letzte Stück wieder „baumauf", damit die Rückfahrt wie gehabt erfolgen kann. Wir tauschen die alten Seile gegen neue aus, vergrößern auch die Sitzplatte, denn ich bin mir sicher, daß kein europäischer Gast diese Fahrt gerne allein antreten möchte, und es ist für die Sicherheit besser, wenn der Guide mitfahren kann – nur kein Risiko eingehen, und die Seile sind für die Last von zwei Personen stark genug.

Fast eine Woche verbringen wir mit diesen Vorbereitungen, aber es wird nicht nur gearbeitet. Zwischendurch gibt es herrliche Pürschgänge und Stunden des Wildbeobachtens und Fotografierens – was ja auch zu unserer Tätigkeit gehört. Schneeziegen (mountain goats) in ihren dichten, langen, weißen Wintermänteln suchen nach dem ersten Grün auf den aperen Hängen, und man muß schon ganz genau hinsehen, um sie von den noch vorhandenen Schneeflecken zu unterscheiden. Ein großer, starker Zimtbär, die rotbraune Spielart des Schwarzbären, hat seine Wanderung entlang des Flusses aufgenommen, nascht und zupft genüßlich an den jungen Schößlingen der Weidenröschen und Schachtelhalmen, dann dreht er einige Steine um und sieht nach, ob die Ameisen schon wach sind – es ist ein unbeschreiblich schönes Erlebnis, aus der Nähe, nur 50 Meter trennen uns, dieses herrliche Wild zu beobachten. Der Wind war optimal, ich habe mich fast aufgelöst in der Natur, bin reglos zum graugrünen Stein geworden, und es gelang mir, durch nichts diese Harmonie zu stören.

Elche äsen fast vor der Hütte das erste Grün von der Landepiste, ihre Kolbengeweihe sind gerade eine Daumenlänge geschoben. Ohne ihren Kopfschmuck sehen sie noch uriger aus, und die Proportionen stimmen so gar nicht. Endlos lange Läufe, der Koloß von einem Körper und der schmale, lange Schädel mit dem überdimensionalen Windfang.

Anfangs habe ich immer unter ihrem Bauch durchgeschaut und sie nie sofort ansprechen können, denn da oben, so in luftiger Höhe, da habe ich keinen Wildkörper mehr vermutet. Und bis heute ist es mir schleierhaft, wie sich so ein starkes, großes Stück Wild hinter drei oder vier kümmerlichen Pappeln derart einstellen und verstecken kann, daß man es nicht oder nur sehr, sehr schwer entdecken kann. Und wie lautlos und schnell sie, trotz ihrer unheimlich weit ausladenden Schaufeln, in einem dichten Fichtenbestand untertauchen können.

Am vorletzten Tag habe ich dann noch einen Wolf geschossen. Auf einem sonnenwarmen Felsen, hoch über dem Fluß hatte ich Mittagsrast gemacht. Meine Seele so richtig baumeln lassen, die Gedanken mit den Wolken auf die Reise geschickt, als ich einen starken Elch bemerkte, der durch den hochwasserführenden Fluß dem anderen Ufer zustrebte. Warum suchte sich der gerade diese ungünstige Stelle zum Überqueren aus, ging es mir durch den Kopf, jetzt zu dieser Jahreszeit, wo ihn seine Tiere so gar nicht interessieren? Wölfe, das war fast derselbe Gedanke, Wölfe müssen hinter ihm her sein.

Sofort ist alle Trägheit verschwunden, das Gewehr lag ohnehin geladen, aber gesichert, neben mir, und dann sehe ich den dunklen Schatten, der hinter dem Elch herhetzt. Anlegen im Sitzen, die Ellbogen auf beiden Knien abgestützt und abdrücken waren eine rasche Bewegung – wie froh bin ich über alle meine Schießübungen, auch wenn sie mich in Europa doch ein Heidengeld gekostet haben! Eine geringe, stark abgekommene Wölfin habe ich mit Kammerschuß erlegt. Ein paar hohe Fluchten machte sie noch, und dann sah ich sie nicht mehr. Aber der viele helle, blasige Schweiß führte mich schnell an die Stelle, wo sie verendet war. Der Balg ist zu dieser Jahreszeit ohnehin wertlos und häßlich, so nehme ich nur das Haupt als Trophäe mit. Beim Abschärfen sehe ich, daß Lefzen, Gaumen und Zunge voll mit den Quilts des Stachelschweines sind. Daher ihre schlechte körperliche Verfassung und der geradezu absurde Versuch, einen ausgewachsenen Elchhirsch zu verfolgen. Der Hunger mußte ihr schon den Verstand geraubt haben. So bin ich dann noch recht zufrieden mit diesem Abschuß, der ein Leiden beendet hat.

Elchsteak Hawaii

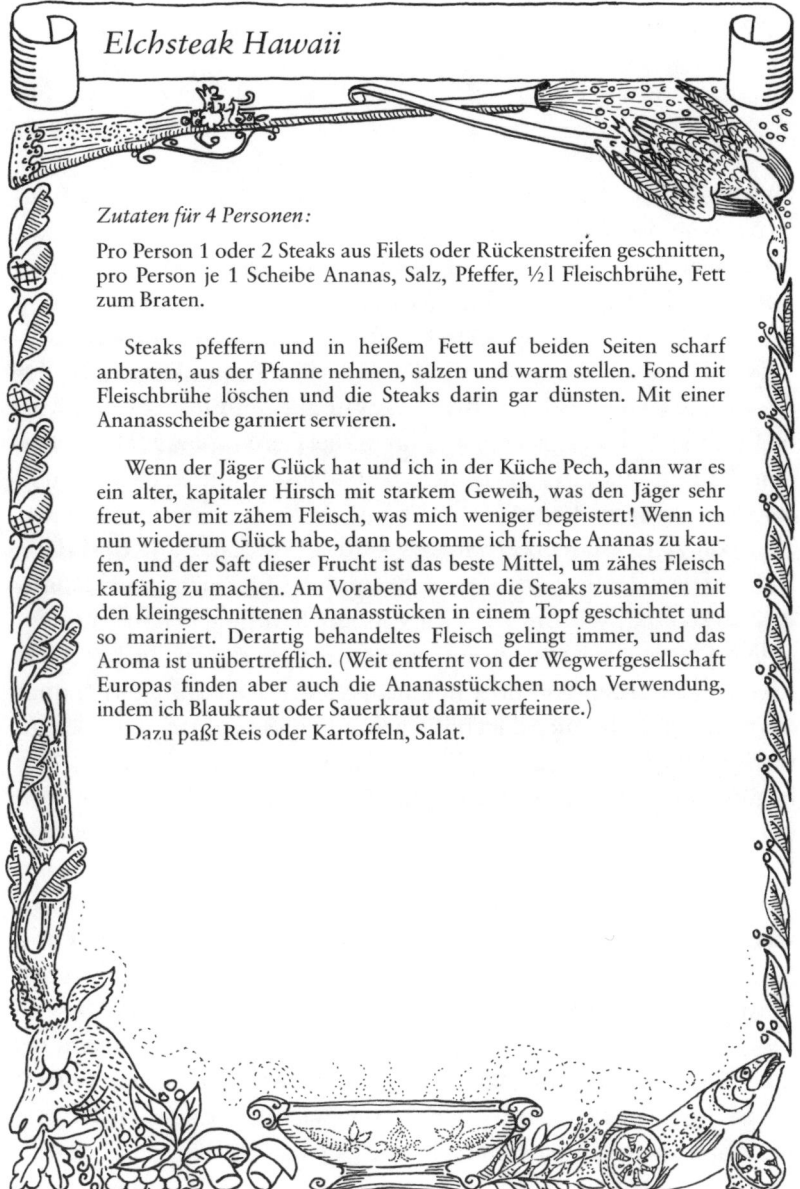

Zutaten für 4 Personen:
Pro Person 1 oder 2 Steaks aus Filets oder Rückenstreifen geschnitten, pro Person je 1 Scheibe Ananas, Salz, Pfeffer, ½ l Fleischbrühe, Fett zum Braten.

Steaks pfeffern und in heißem Fett auf beiden Seiten scharf anbraten, aus der Pfanne nehmen, salzen und warm stellen. Fond mit Fleischbrühe löschen und die Steaks darin gar dünsten. Mit einer Ananasscheibe garniert servieren.

Wenn der Jäger Glück hat und ich in der Küche Pech, dann war es ein alter, kapitaler Hirsch mit starkem Geweih, was den Jäger sehr freut, aber mit zähem Fleisch, was mich weniger begeistert! Wenn ich nun wiederum Glück habe, dann bekomme ich frische Ananas zu kaufen, und der Saft dieser Frucht ist das beste Mittel, um zähes Fleisch kaufähig zu machen. Am Vorabend werden die Steaks zusammen mit den kleingeschnittenen Ananasstücken in einem Topf geschichtet und so mariniert. Derartig behandeltes Fleisch gelingt immer, und das Aroma ist unübertrefflich. (Weit entfernt von der Wegwerfgesellschaft Europas finden aber auch die Ananasstückchen noch Verwendung, indem ich Blaukraut oder Sauerkraut damit verfeinere.)

Dazu paßt Reis oder Kartoffeln, Salat.

Am Trail

Für Jagden in den endlos weiten, tundraähnlichen Gebieten des Yukons werden allgemein Pferde eingesetzt. Nur so kann der Gast die langen Pürschen und großen Entfernungen bewältigen, nur so können wir das notwendige Ausrüstungsmaterial, Proviant und unser Hab und Gut von einem Lager ins andere transportieren. Nicht weniger als 30 Pferde hatten wir z. B. in unserem Revier am Rogue River, nördlich von Watson Lake, im Einsatz. Nun werden sich viele Leser fragen, wie denn die Tiere in diese Abgeschiedenheit kommen, in Lager, die 350 bis 400 Kilometer vom nächsten Ort entfernt liegen und nur mittels Wasserflugzeug in einer Zeit von zwei Stunden erreichbar sind. Über den Trail! Und diese Zeit auf dem Trail ist etwas ganz Besonderes für mich, ein Erlebnis, das ich so lange wie nur irgendwie möglich mitmachen möchte.

Die Pferde überwintern auf einer Farm in der Nähe von Ross River und werden von dort in einem Vier- oder Fünftageritt, quer durch den Busch, quer durch Bäche und Flüsse auf einem oft kaum wahrnehmbaren Saumpfad (trail) ins Hauptlager gebracht. Wir beginnen mit der Jagd Anfang August in dem am weitesten in den Bergen liegenden Lager und wandern dann mit fortschreitendem Herbst immer weiter aus den Bergen heraus, der Zivilisation zu, um nur ja nicht durch einen frühen Wintereinbruch eingeschlossen zu werden. Die Saison im Yukon dauert nur zwei Monate, August und September, ab Oktober gibt es den ersten Frost, Schnee und Nebel. Stürme und das erste Eis auf den Seen machen es den Wasserflugzeugen dann unmöglich, noch zu landen. Man müßte warten, bis die Eisdecke stark und dick genug ist, damit ein Flugzeug mittels Gleitkufen landen kann – aber wer will das wagen? Wir alle bestimmt nicht! Es ist schon so, wie es jetzt ist, aufregend, aufreibend und abenteuerlich genug.

Vielfraß (siehe Seite 176)

Maultierhirsch (siehe Seite 170)

Wolf (siehe Seite 175)

Stille
Wie absolut kann Stille sein?
So absolut, daß es Dich schockt,
Dein eigenes Herz schlagen zu hören,
so absolut, daß es Dich schockt,
Dein eigenes Blut rauschen zu hören,
so absolut, daß Du meinst,
Dein Gehör verloren zu haben,
so absolut, daß Du glücklich bist,
ein Blatt fallen zu hören!
So absolut kann Stille sein –
hier in der menschenleeren Weite des Yukon.

Namenloses Tal im Kluane Lake Park, Yukon

Zwei Wrangler (Pferdeknechte), zwei Jagdführer und ich machen sich also Ende Juni mit den Pferden auf den Weg. An Gepäck haben wir nur das Notwendigste mit, Proviant wird für Mensch und Tier genau und knapp berechnet. Wir hoffen, entlang der Flüsse für die Pferde genug Futtergras zu finden, und auch für uns rechnen wir mit Frischfleisch von Schneeschuhhasen oder Grouse. Der Marsch ist für alle anstrengend genug, da schleppen wir uns nicht auch noch mit „Nichtigkeiten" wie Lebensmittel ab! Aber einige Handvoll Hafer am Morgen läßt die Tiere williger weitermarschieren, die Saison beginnt erst für sie, und wir möchten sie bei Laune halten.

Das Leben ist karg und einfach am Trail, jede Nacht ein Biwak unter einem anderen Baum, an einem anderen Bach oder See, nur abends eine größere, warme Mahlzeit, wenn wir einen ordentlichen Lagerplatz gefunden haben. Zuerst werden immer die Pferde versorgt, dann zünden wir ein Feuer an, kochen Kaffee – literweise! Kaffee ist in jedem Camp, bei jedem Lager das Allerallerwichtigste, kein Kanadier kann arbeiten, gehen, denken, essen oder reden, ohne seine ständig volle Tasse Kaffee bei sich zu haben, und auch ich als alte Kaffeeschwester habe diese „Untugend" schnell übernommen.

Dieser „bushcoffee" schmeckt aber auch anders als der aus der Maschine, da kaut man noch nach Stunden am Satz herum, was ich als ausgesprochen angenehm empfinde und was auch gut gegen Mundgeruch sein soll!

Das Wetter ist uns hold, die Nächte im Juni und Juli sind, so hoch im Norden, sehr hell und kurz, die ärgste Mückenplage ist vorüber. Trotzdem kann es noch vorkommen, daß wir in sumpfigen Niederungen mit angehaltenem Atem und geschlossenen Augen durch eine Wolke dieser stechenden, blutrünstigen Schwärme müssen. Mensch und Tier leiden gleichermaßen darunter, doch ein frischer Wind entlang des Seeufers oder am Grat bläst uns dann wieder frei von diesen Plagegeistern. Auch mit der Ausdauer und Kondition der Herren der Schöpfung ist es nicht so weit her, Gott sei Dank, so daß ich einigermaßen mithalten kann. Jahrelang bin ich auf keinem Pferd mehr gesessen, aber mehr als „Schritt" ist in dieser Wildnis ohnehin nicht möglich, alle drei bis vier Stunden gönne ich meinem armen Sitzfleisch etwas Ruhe und wandere langsam hinter der Karawane her, weil ich glaube, daß Po und Beine bereits tot sind – leider sind sie es nicht, denn sonst würden sie ja nicht soooo weh tun!

Alle Pferde haben eine kleine Glocke um den Hals, ein friedliches Gebimmel ist dies, wie in Österreich bei den Kühen auf der Alm! Aber diese Glöckchen sollen uns nicht nur helfen, die Pferde am Morgen wieder rasch zu finden, das ständige Gebimmel soll uns auch die Bären und Wölfe fernhalten. Jeden Abend, wenn ein Lagerplatz gefunden wurde, bekommen die Pferde etwas Hafer zur Belohnung und müssen dann gehobbelt werden. „Hobbeln" sind Ketten oder Lederriemen, mit denen wir den Tieren die Vorderbeine so kurz zusammenbinden, daß sie nur noch schwerfällige Sprungschritte erlauben und die Pferde sich folglich nachts nicht zu weit entfernen können. Man soll es wirklich nicht für möglich halten, welche Geschicklichkeit besonders die älteren, buscherfahrenen Tiere trotzdem entwickelt haben und wie weit sie sich trotz dieser „Fußbremsen" in relativ kurzer Zeit vom Lager entfernen können. Die Technik, mit der sie trotz dieser Beschwernis über Hindernisse setzen, ist schon fast zirkusreif und bringt mich immer wieder ins Staunen, zum Verzweifeln aber auch! Die erste Zeit habe ich mich todesmutig unter die Pferde gemischt, um selber Hobbeln anzulegen, dabei gebetet, daß keines der Viecher auf die Idee kommt, mich umzurennen. Ich liebe Pferde, aber ihre Größe flößt mir doch sehr viel Respekt ein, und erst nach und nach wurde ich mehr vertraut mit ihnen und verlor meine Angst – wieder etwas in meinem Leben, das ich liebe und fürchte zugleich!

So nach und nach lernte ich meine Pappenheimer dann kennen, suchte mir zum Hobbeln nur die Gutmütigeren, Zahmeren heraus und überließ die „Halbstarken" den Burschen. Leider war die erste Erfahrung, die ich mit meinem Reitpferd machte, auch nicht die beste. Es war zwar Liebe auf den ersten Blick – von meiner Seite zumindest –, als ich „Misty" sah. Eine wunderschöne, blauäugige Stute, mit langer, blonder Mähne und einem mahagonirot glänzenden Fell. Ihr Name kam – angeblich – von dem verschleierten, nebelhaften (mist = Nebel) Blick ihrer blauen Augen, den diese Dame hat und der mich so täuschte. Bald stellte sich heraus, daß „Misty" sich zu einem richtigen Miststück entwickeln konnte, und dementsprechend schnell habe ich ihren Namen dann auch „eingedeutscht".

Selbstverständlich kam sie freudig wiehernd angelaufen, wenn ich sie rief, einen halben Apfel oder eine Karotte anbot, ich wollte ja Freundschaft mit ihr schließen, und gab sich zahm wie ein Lämmchen. Beim Satteln ging es aber schon los: Sobald ich die Gurte unter ihrem Bauch schließen wollte, hat sie sich aufgeblasen wie eine Trommel, und alles Zureden und Boxen half nichts! Die Männer hatten aber den richtigen „Schwanzdreh" raus, der ihr die Luft ausgehen ließ! Am Trail selbst wollte sie nie in der Reihe gehen, immer die erste sein und machte sich durch heftiges Auskeilen und Beißen in die Hinterhand des vor ihr gehenden Pferdes Platz.

Die feste Hand, die sie braucht, die habe ich nicht, aber so schnell wollte ich die Flinte auch nicht ins Korn werfen. Natürlich bemerkte ich die abschätzenden Blicke der Männer, war es doch so etwas wie eine „Wildnisaufnahmeprüfung" für mich, dieser Trail, den vor mir angeblich noch keine Europäerin mitgemacht hat. Also, die Zähne zusammenbeißen! Trotz dicker Lederüberhosen und -jacken gab es manche Schramme, mancher Ast schnellte mir quer übers Gesicht und nahm mir fast den Atem. Abends beim Hobbeln, das sie haßte wie die Pest, fand sie dann sehr schnell heraus, daß ich das Weite suche, wenn sie nur fest genug mit ihren Zähnen an meinem Haarschopf zog, mich dabei einmal fast skalpierte. Das war aber dann auch das Ende meiner Liebe! Aus, du Miststück, zwei streitbare Amazonen passen eben nicht zusammen.

„Smoky" war dann geradezu eine Erholung und die reinste

Freude und Wohltat. Hatten wir die Tiere gehobbelt und in die Tundra zur Futtersuche entlassen, war die erste Arbeit, eine Feuerstelle zu richten, Wasser zu holen und das Nachtlager vorzubereiten. Ach, welch herrliches Bett ergibt eine dicke Lage Fichtenzweige, wenn die natürliche Rundung der Äste nach unten gelegt wird, kuschelt es sich hinein wie in eine Wiege. Eine der Pferdedekken darauf und dann der Schlafsack, die Sterne und Wolken als Baldachin für so ein Himmelbett! Meistens verzichteten wir auf das Zelt, denn das Wetter war einfach zu schön.

Brannte das Feuer ruhig vor sich hin, dann wurde gekocht und gegessen, gekocht und gegessen. Den ganzen Tag hatten wir nichts Warmes, der Nachholbedarf war groß. Immer wieder Holz aufs Feuer legen, auch nasse Blätter zwischendurch, um für die Abwehr der Mücken den Rauch zu produzieren. Und schließlich senkt sich Friede und Stille über die kleine Gesellschaft. In der Ferne bimmeln die Pferdeglöckchen, der Kaffee singt in der alten, großen Kanne: Das stundenlange Erzählen begann, das gegenseitige Kennenlernen, das Austauschen von Erfahrungen, das Schildern von Abenteuern. Eine buntgewürfelte Gesellschaft auch wir, einer der Wrangler hat eine eigene Farm im Staate Montana, züchtet Pferde zur Jagd und zur Arbeit, kommt nur für die drei Sommermonate hierher in den Yukon, um Geld dazuzuverdienen. Der andere Wrangler ist von Beruf Lehrer auf Vancouver-Island und verbringt seine Sommerferien im Busch. Die beiden Berufsjäger Fred und Gerry haben diesen Trail schon einige Male mitgemacht und wissen viel zu berichten von schlechteren Zeiten. Wenn Regen und Nebel tagelang über den Bergen hingen, sie keinen trockenen Faden mehr am Leib hatten, kein Feuer brennen wollte und man nach einem dreitägigen Gewaltmarsch endlich das Lager erreichte. Wie haben wir es doch diesmal gut, das Wetter ist super, die Laune auch, und so trödeln wir in fünf Tagen gemütlich unserem Ziel entgegen.

Endlich am Einarson Lake angekommen, genehmigen wir uns zwei Rasttage, auch die Pferde brauchen Ruhe. Dann aber geht der

Alltag wieder los. Die neu dazu gekauften Tiere müssen unser Brandzeichen bekommen, was eine stinkende Angelegenheit ist, den Tieren aber scheinbar weniger weh tut, als ich angenommen habe. Dann schleppen wir mit den besonders starken Packpferden „Dean" und „Cid" Baumstämme aus dem Wald, schälen sie und schichten sie auf. Nächstes Jahr wollen wir das Küchenhaus in diesem Camp vergrößern und eine neue Schlafhütte für die Gäste bauen.

Wie im Flug vergehen die Tage, und plötzlich ist es Ende Juli, und in wenigen Tagen werden die ersten Gäste zur Schafjagd eintreffen. Nun wird es höchste Zeit, daß wir in den Bergen das erste Sheepcamp errichten. Dieses ist ein reines Zeltlager, hoch in den Tälern über dem Hauptlager am Einarson Lake, etwa einen Tagesritt von diesem entfernt.

Zelte, Küchengeräte, Lebensmittel, Schlafsäcke, Schaumgummimatten, alles, alles muß nun in den Packsattelkisten verstaut werden – wehe, wenn ich da etwas vergesse! Mit einer endlos langen Spickliste gehe ich meine Utensilien immer und immer wieder durch. Die Kisten müssen alle gleich schwer sein, damit sich das Pferd nicht wundscheuert oder zu lahmen beginnt, die Lebensmittel müssen nach Haltbarkeit eingeordnet werden, die dauerhaften Dinge ganz nach unten, das weniger haltbare Gut nach oben. Nichts darf in den Kisten klappern oder klirren, die Pferde könnten sonst scheuen – nicht auszudenken, wenn sie dann durchgehen würden! Wieder und wieder packe ich um und kontrolliere, ob auch alles mitgenommen wurde.

Hier ist es meine oberste Pflicht, alles perfekt und tadellos durchzuorganisieren und vorzubereiten, es würde an mir alleine hängenbleiben, wenn etwas fehlt – und ich will sicherlich nicht einen Tag lang hierher zurückkreiten, bloß weil kein Dosenöffner dabei ist!

Auch draußen im Zeltcamp, auf offenem Feuer gekocht, gibt es eine abwechslungsreiche Küche, die Zeiten des ewigen Einerlei – Speck mit Bohnen oder Bohnen mit Speck – sind vorbei. Der Gast ist König und hat Anspruch auf eine gepflegte Mahlzeit, gerade nach einem langen, anstrengenden Tag. Und mir macht's Spaß, hier gibt es noch so viele Möglichkeiten, kreativ zu sein, vor allem, wenn man sich in der Natur so auskennt wie ich und die Kräuter und Pilze einem vor der Nase wachsen. Schrecklicher Gedanke, in wenigen Minuten ein Mikrowellen-Gericht fertig zu haben, wenn es stundenlang vor sich hinschmurgeln könnte – ein Irishstew z. B.!

Von diesem Zeltcamp in den Bergen brechen die Männer täglich zu ihren Pürschritten auf. Manches Mal bleiben sie auch über Nacht aus, je nachdem, wo Wild erspäht bzw. gestreckt wurde. Etliche Kilo Körpergewicht hat noch jeder Gast hier verloren, die Kondition sollte gut bis sehr gut sein – das optimiert natürlich die Chancen auf Erfolg. Auch wir von der Crew verlieren in dieser Zeit etliche Pfunde, was für mich ein zusätzliches Plus ist.

Zur Jagd hier im Yukon können natürlich nur besonders geeignete Pferde eingesetzt werden. Es sind dies sogenannte Gebirgspferde, Tiere mit einem kurzen Hals, einem gutausgebildeten Widerrist und einer eher niedrigen Kruppe. Der Rücken und die Lenden müssen gerade und kräftig sein, je breiter das Hinterteil, um so besser. Sie sind besonders widerstandsfähig, halten tiefe Temperaturen und schwere Stürme gut aus, drehen dann einfach ihr Hinterteil in den Wind oder suchen unter den spärlichen Baumgruppen Schutz. Das Training und die Vorbereitung dieser Tiere, speziell zur Jagd, erfordert viel Einfühlungsvermögen und Geduld. Unsere Pferde müssen nicht nur Gewehrfeuer aushalten, sie dürfen auch sonst nicht sonderlich schreckhaft sein. Auffliegende Wald- oder Schneehühner, wegbrechendes Wild, all diese Geräusche müssen mit einer geradezu stoischen Ruhe ertragen werden. Auch wasserscheu dürfen unsere Pferde nicht sein, denn nicht selten heißt es, in eiskalte, reißende Flüsse hineinzureiten oder gar einen kleinen See zu durchschwimmen.

Unsere Guides Fred und Jason, die jahrelang mit immer den gleichen Tieren zusammenarbeiten, erkennen schon an deren Verhalten, ob Wild in der Nähe ist, brauchen selber gar nicht durch das Fernglas zu sehen. Am Spiel der Ohren und einer besonderen Gangart erkennen sie, ob sich Wild in der Nähe aufhält. Und noch etwas Gutes hat die Jagd zu Pferd. Wildarten wie Elch oder Karibu kann man zu Pferd wesentlich näher anpürschen, denn das Erscheinungsbild des Pferdes sowie sein Geruch sind vertrauter als ein pürschender Mensch oder gar ein Auto.

Beim Beladen der Packpferde achte ich darauf, daß die Packtaschen ein Gewicht von 25 bis 30 Kilogramm nicht überschreiten, dazu kommen dann noch Decken, Kleidersäcke und ein Zelt, also ein zusätzliches Gewicht von an die 10 Kilogramm. Altgediente und erfahrene Pferde haben damit keinerlei Probleme und können gut und gerne eine Strecke von 40 Kilogramm pro Tag zurücklegen. Schwieriger wird es oft mit dem Bergen des Wildbrets. Lasten bis zu hundert und mehr Kilogramm müssen wir dann auf die Pferderükken packen.

Auch läßt der Geruch von Fleisch oder frischen Fellen viele Tiere unruhig und sogar übernervös werden – besonders, wenn es sich um Bären- oder Wolfsbälge handelt. Aber ein geübter Guide oder Wrangler wird mit seinen Tieren in jeder Situation fertig, und wir ungeübten Europäer tun gut daran, hier jeden Ratschlag anzunehmen und genau den Anordnungen zu folgen.

Pro Person haben wir zwei Pferde zur Verfügung, eines zum Reiten, eines zum Tragen der Lasten, einige Reservetiere werden außerdem mitgeführt. In unwegsamem Gelände binden wir die Lastpferde in Reihe Kopf an Schwanz aneinander; auch während des langen Trails in die Camps und wieder heraus laufen die Tiere nicht frei, sondern werden aneinandergebunden.

So wie wir alle uns auf die Gäste immer wieder neu einstellen, so können sich auch unsere Pferde auf die wechselnden Reiter einstellen, sind gutmütig und geduldig. Sollte sich herausstellen, daß das eine oder andere Pferd Mucken hat und keinen Reiter auf seinem Rücken verträgt, dann wird es zum Packpferd „degradiert".

Nach 10 bis 14 Tagen Jagdbetrieb brechen wir dieses Schafcamp, also ein zweckbestimmtes Außenlager, wieder ab, reiten zurück zum Hauptlager, die Gäste fliegen aus. Die Vorbereitungen für die nächste Gästegruppe beginnen, und bald übersiedeln wir, Mensch und Tier, in das nächste Lager, weniger weit in den Bergen. Die Hütten werden wintersicher gemacht: Holzplatten vor die Fenster und Türen geschraubt, Proviant, soweit winterfest, in Aluminiumkisten oder in (Müll-) Tonnen aus Plastik verpackt, die Schaumgummimatten werden eng gerollt und so an die Decken gehängt, damit weder Maus noch Marder, noch Packratte sich darin einnisten können. Ich stelle noch eine Inventurliste auf, und dann geht es wieder auf den Trail.

In jedem Camp bleibt jedoch eine kleinere Hütte unversperrt, versehen mit Geschirr, Lebensmitteln und einem ordentlichen Holzvorrat. Es könnte ja sein, daß hier jemand notlanden muß oder sich sonst irgendwie hierher verirrt hat, dann soll er das Notwendigste zum Überleben finden. Auch dies ist eines der ungeschriebenen Gesetze der Wildnis, daß man eine solche Notunterkunft dann aber auch tadellos sauber und ohne mutwillige Beschädigung wieder verlassen sollte, gerät leider allzu häufig in Vergessenheit.

Geht schließlich die Saison im Yukon mit Ende September, Mitte Oktober zu Ende, ist das letzte Camp winterdicht gemacht, dann begeben wir uns wieder auf den langen Trail, hinaus aus den winterlichen Tälern und Bergen, zurück zur Zivilisation, zu den noch grünen Wiesen rund um Ross River. Aber die Lagerfeuerromantik, die langen Stunden des gemütlichen Dahinreitens, des Schauens, des Erzählens und Erlebens nehmen wir mit in die langen Winternächte – und auch die Gerüche! Hier riecht Leben nicht nach Chanel Nr. 5 oder Joop oder Hugo Boss, nach Abgasen oder Fabriken, hier riecht Leben noch nach Natur: nach Rauch, Harz, Pferden, Wäldern, Wild, Blut und Schweiß – abends kommt dann vom See her noch die kühle Frische von Wasser, Wasserpflanzen und Fisch dazu, das ist der wahre Geruch des Lebens – für mich jedenfalls!

Karibusteaks am offenen Feuer

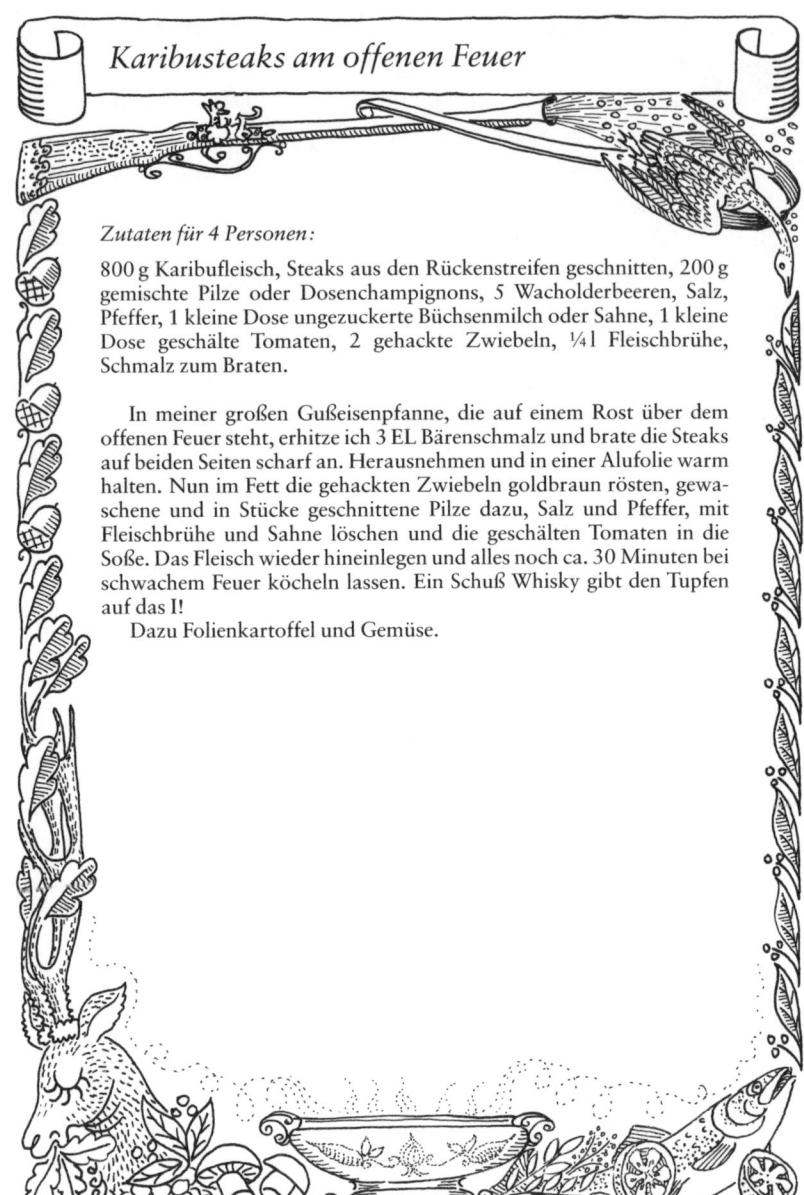

Zutaten für 4 Personen:

800 g Karibufleisch, Steaks aus den Rückenstreifen geschnitten, 200 g gemischte Pilze oder Dosenchampignons, 5 Wacholderbeeren, Salz, Pfeffer, 1 kleine Dose ungezuckerte Büchsenmilch oder Sahne, 1 kleine Dose geschälte Tomaten, 2 gehackte Zwiebeln, ¼ l Fleischbrühe, Schmalz zum Braten.

In meiner großen Gußeisenpfanne, die auf einem Rost über dem offenen Feuer steht, erhitze ich 3 EL Bärenschmalz und brate die Steaks auf beiden Seiten scharf an. Herausnehmen und in einer Alufolie warm halten. Nun im Fett die gehackten Zwiebeln goldbraun rösten, gewaschene und in Stücke geschnittene Pilze dazu, Salz und Pfeffer, mit Fleischbrühe und Sahne löschen und die geschälten Tomaten in die Soße. Das Fleisch wieder hineinlegen und alles noch ca. 30 Minuten bei schwachem Feuer köcheln lassen. Ein Schuß Whisky gibt den Tupfen auf das I!
Dazu Folienkartoffel und Gemüse.

Bannock

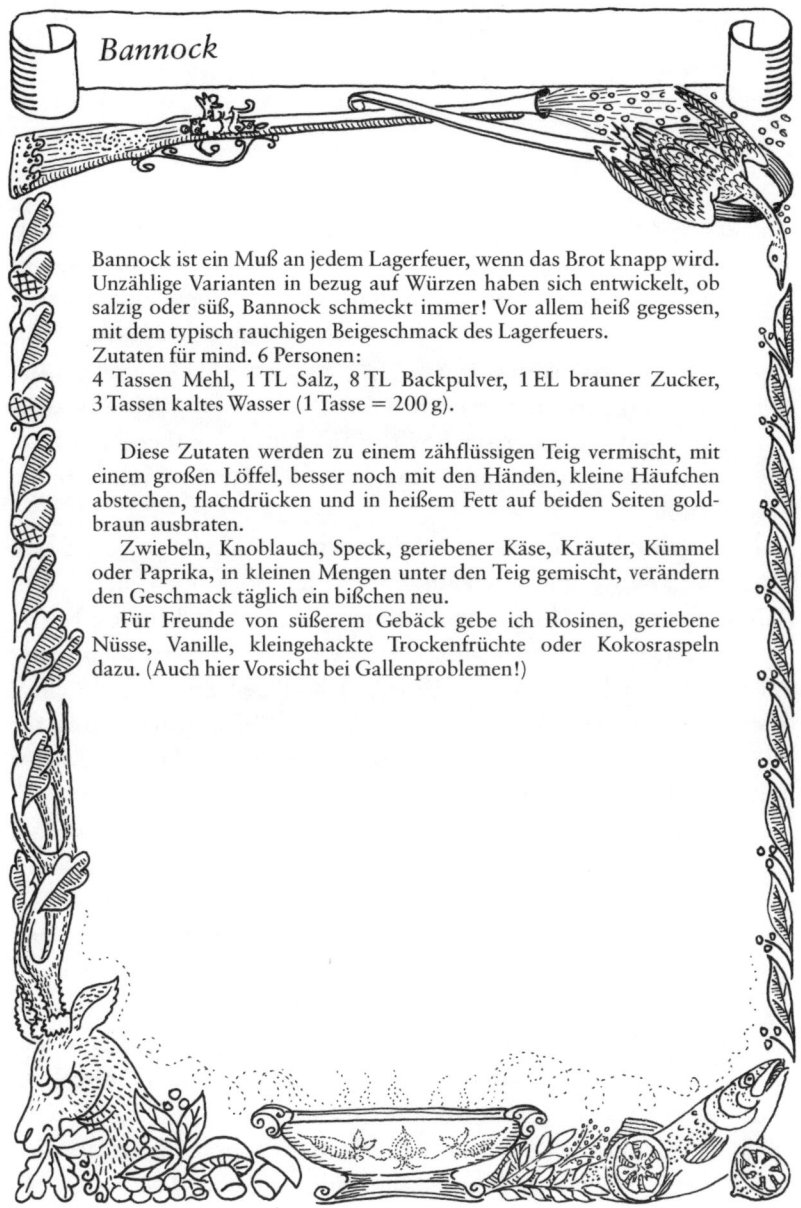

Bannock ist ein Muß an jedem Lagerfeuer, wenn das Brot knapp wird. Unzählige Varianten in bezug auf Würzen haben sich entwickelt, ob salzig oder süß, Bannock schmeckt immer! Vor allem heiß gegessen, mit dem typisch rauchigen Beigeschmack des Lagerfeuers.

Zutaten für mind. 6 Personen:
4 Tassen Mehl, 1 TL Salz, 8 TL Backpulver, 1 EL brauner Zucker, 3 Tassen kaltes Wasser (1 Tasse = 200 g).

Diese Zutaten werden zu einem zähflüssigen Teig vermischt, mit einem großen Löffel, besser noch mit den Händen, kleine Häufchen abstechen, flachdrücken und in heißem Fett auf beiden Seiten goldbraun ausbraten.

Zwiebeln, Knoblauch, Speck, geriebener Käse, Kräuter, Kümmel oder Paprika, in kleinen Mengen unter den Teig gemischt, verändern den Geschmack täglich ein bißchen neu.

Für Freunde von süßerem Gebäck gebe ich Rosinen, geriebene Nüsse, Vanille, kleingehackte Trockenfrüchte oder Kokosraspeln dazu. (Auch hier Vorsicht bei Gallenproblemen!)

Kamtschatka-Fischer

Eigentlich sollten sie ja die ersten Gäste eines österreichischen Buchungsbüros in Kamtschatka sein und dort testfischen. Dann hat es aber in letzter Minute mit dem erforderlichen Visum in die UdSSR – die gab es damals noch! – nicht geklappt, und so wurden sie kurzfristig zu uns in den Yukon „umgeleitet". Hermann, „the landlord", Hubert, der wohlbeleibte Schnapsbrenner aus dem „Ländle", und Peter, der reiche Erbe aus dem Schwabenland! Eine überaus lustige Truppe, ein nettes Trio, mit dem wir jede Menge Spaß hatten.

Ihr Gepäck konnten sie nicht einmal mehr umpacken, so schnell ging die Abreise dann, erzählten sie uns. So kamen sie hier in Kanada mit einem Koffer voll Kaugummi, Kugelschreiber, Feuerzeugen und Parisern an – alles Gastgeschenke für die armen Leute im Osten. Da hatten wir natürlich schon den ersten Spaß, hier Kaugummi zu verteilen wäre wie Wasser ins Meer tragen, aber für die Kugelschreiber und Feuerzeuge war ich sehr dankbar. Jedes Jahr verschwinden in den Camps Unmengen von diesen Kleinigkeiten, Nachschub ist da immer gefragt. Und für die Pariser, da hatte ich meine ganz besondere Verwendung! Zahnstocher, Streichhölzer, Schmerztabletten, Salz und Pfeffer in kleinsten Portionen, all diese Dinge, die wasserdicht für ein Überlebenspäckchen abgeschlossen werden sollen, heb' ich in diesen Hüllen auf. Auch kann ich mir keine bessere „Versiegelung" für meinen Gewehrlauf denken. Nässe und Staub haben keine Chance mehr einzudringen, und in einer kritischen Situation kann ich sogar einen Schuß abgeben, ohne diesen Schutz vorher abnehmen zu müssen – die Kugel wird nicht abgelenkt, das hab' ich bei etlichen Probeschüssen ausprobiert. Weggeworfen wird hier in der Wildnis nichts, fast nichts, für alles finden wir eine mehr oder weniger sinnvolle Verwendung, Pioniergeist macht erfinderisch!

Die ersten Tage verbrachten wir in unserem Camp am Gladstone Lake, einer kleinen Seenkette, die noch nie profiartig befischt wurde. Das Staunen der Gäste war groß, als fast jedem Wurf ein Biß folgte – später sind die Fische dann aber schlauer geworden! Seeforellen und Äschen gab's in jeder Stärke und jeder Menge, aber die großen, die wirklich Kapitalen, waren auch hier nicht so leicht an die Angel zu bekommen. Hier lernte ich die echten, passionierten Fischer kennen, und diese sind nicht minder besessen wie die Jäger! Alle Tricks und Techniken wurden ausprobiert und versucht, um eine wirklich große Seeforelle zu landen. Je nach Wetter und Wassertemperatur, mal tiefer, mal höher, mal im Kraut und mal wieder an Felsabbrüchen oder bei Flußmündungen, im Trollen, mit der Fliege, mit dem Blinker oder der Pose, alles wurde versucht – und es gelang. Sonne, Mond und Wind wurden genau beachtet, die besten Fangzeiten ausgerechnet, eine wahre Wissenschaft wurde aus dem Fischen gemacht.

Peter fing dann seinen Prachtfisch, mittags, und nur weil ich das Essen noch nicht fertig hatte, fuhr er noch einmal mit dem Kanu hinaus, ein bißchen Blinkern, nur so, damit die Zeit vergeht! Nichts war in diesem Moment mit bester Fangzeit, bester Tiefe, richtigem Blinker, etc., etc. – und dann war sie an der Angel, die Dicke, die Große, 88 Zentimeter lang und fast 8 Kilogramm schwer, das haben die nachträglichen Vermessungen dann ergeben. Und auch bei Hermann war es ähnlich. Gegen alle Regeln und besser jeden Wissens, so unprofihaft wie nur möglich hat auch er seinen Trophäenfisch gelandet – wenn es gelingen will, dann gelingt es, so oder so, aber mit Gewalt geht nix!

Wieder war es um die Mittagszeit, Peter und ich waren im Küchenhaus, als ich so zwischen Suppe und Salat mit dem Fernglas zu den Gästen im Boot hinaussah: Da tut sich was! Hermann steht im Boot und kurbelt, Hubert holt schnell seine Leine ein, der Motor wird abgestellt. „Schnell, Peter, laß uns hinausfahren, wir haben doch den Kescher im Kanu, vielleicht wird der dort draußen gebraucht." Und ruck, zuck sind wir wieder unterwegs. Dann vergesse ich einfach alles, Arbeit und Zeit, Essen und Abwasch, da kommt bei mir so was wie ein Urinstinkt durch, da muß ich einfach dabeisein, hautnah am Geschehen! Ganz ruhig und gelassen kurbelt Hermann seine Leine ein, „ein herrlicher Drill", sagt man wohl dazu.

„Aber irgendwas kommt mir komisch vor, irgendwas stimmt nicht ganz da unten" – sagt er, der Fisch benähme sich eigenartig. Na ja, wir werden schon sehen, was los ist. Langsam ermattet das Tier, kommt immer höher und höher, schon sehen wir seine Konturen in diesem glasklaren Wasser silbrig schimmern. Ein wahres Prachtexemplar, das er da an der Angel hat. Bald können wir mit dem Kescher zu Hilfe kommen und bringen den Fisch ins Boot. Ja, und da sehen wir nun alle, was da so „komisch" und falsch lief bei dieser Aktion – und das war fast alles! Der Haken war verkehrt herum eingehängt, der kleine Karabiner fast offen und eingerissen, der Fisch hinter der letzten Rückenflosse gehakt, daher die seltsamen Roll- und Drehbewegungen während des Drills. Ich weiß, ich weiß, nicht waidmännisch, so einen Fisch zu behalten – aber in Anbetracht der weiten Reise, der hohen Kosten, des herrlichen Drills, der großen Freude über diesen Fang, wer kann es Hermann da verübeln, daß er seinen Fisch behielt und ihn zu Hause präparieren lassen wollte. Auch dieser Fisch war fast 88 Zentimeter lang und 7,8 Kilogramm schwer. Eine Seeforelle dieser Größe aus solch nördlichem Gewässer ist viele, viele Jahre alt. Man darf nicht vergessen, daß der Gladstone Lake fast sieben Monate im Jahr unter Eis liegt, daß die Wachstumsphase der Fische dementsprechend kurz ist, daß das Äsungsangebot ebenfalls höhen- und witterungsbedingt wesentlich geringer ist als in Seen in gemäßigteren Gefilden. Die Wassertemperatur beträgt nie mehr als 12 bis 15 Grad Celsius im nur zwei Wochen dauernden Hochsommer im Yukon, und das nur in flachen, sandigen Buchten. 150 bis 200 Meter soll der See tief sein, aber das weiß niemand so genau, es ist ja schon ein

Wunder, daß dieser See überhaupt einen Namen hat, ist er doch nur einer von Abertausenden hier in den Bergen.

Gladstone – Glücklicher Stein, im gleichnamigen Fluß hat man einst Gold gewaschen und auch gefunden. Erst als die Preise für Gold so in die Tiefe sanken, wurde der Aufwand zu groß und man hat damit aufgehört.

Glücklich sind wir alle und feuen uns ohne Neid mit Hermann und Peter über deren Fang. Mit viel Geduld und sehr vorsichtig habe ich den beiden Fischen dann die Haut abgezogen, das Notstromaggregat für eine Nacht eingeschaltet und die kleinen „Hautpakete" ordentlich durchgefroren. Bei nächster Gelegenheit werden wir sie ausfliegen und auf Eis legen, damit die Gäste sie dann wohlbehalten nach Europa mitnehmen können. Das Fleisch war nicht mehr so gut, hat aber als „fishburger" dann doch noch Verwendung gefunden.

Einige Tage danach sind wir zum Kluane Lake übersiedelt, dem größten und schönsten See im Yukon. Dort haben wir eine ganz prächtige Lodge, die für mich das Paradies schlechthin darstellt. Aber der See hat auch seine Tücken, bei über 200 Kilometer Länge, genügt schon eine schwache Brise, um hohe Wellen aufzuwerfen. Wenn dann gar ein Sturm mit seiner vollen Kraft über das Wasser hinfegt, dann ist man gut beraten, wenn man das schützende Ufer nicht verläßt. Haushohe Wellen türmen sich in kürzester Zeit auf und haben so manchem schon ein nasses Grab bereitet. Aber unsere erfahrenen Führer kennen sich mit Wolken, Wind und Wetter gut aus, und so gab es noch nie Probleme.

*Größe – Weite – Stille – Einsamkeit,
menschenleer und unberührt,
so liegt es vor mir,
das Tal hinter den Bergen,
das Land nördlich von nirgendwo!
War vor mir schon ein Mensch hier?
Bin ich der erste, der seine Schritte hier setzt?
Ist dieses Gefühl beängstigend?
Nein – nicht für mich,
ich lebe,
ich staune,
ich genieße,
ich schaue,
ich danke,
ich will nur sein!
Nichts nehme ich mit hinein,
nichts nehme ich mit heraus,
keine Spur will ich hinterlassen,
ich will nur wissen,
für mich wissen und glücklich sein,
daß es solche Paradiese noch gibt.*

Algea Lake, Yukon

Eine stattliche Seeforelle aus dem Yukon *Kluan tun tun – Wolfshaupt, B. C.*

Elchkühe im Sumpf (siehe Seite 168)

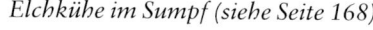

Geschnetzeltes von Dallschaf und Karibu

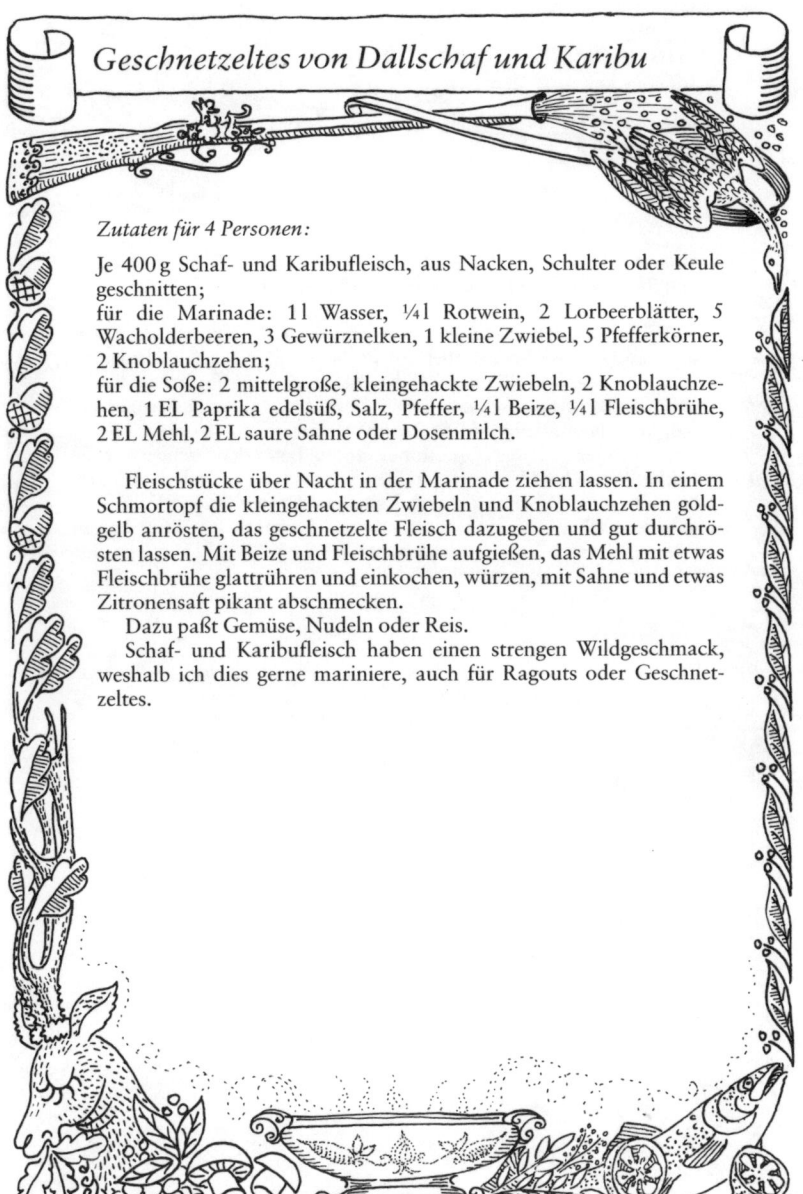

Zutaten für 4 Personen:

Je 400 g Schaf- und Karibufleisch, aus Nacken, Schulter oder Keule geschnitten;
für die Marinade: 1 l Wasser, ¼ l Rotwein, 2 Lorbeerblätter, 5 Wacholderbeeren, 3 Gewürznelken, 1 kleine Zwiebel, 5 Pfefferkörner, 2 Knoblauchzehen;
für die Soße: 2 mittelgroße, kleingehackte Zwiebeln, 2 Knoblauchzehen, 1 EL Paprika edelsüß, Salz, Pfeffer, ¼ l Beize, ¼ l Fleischbrühe, 2 EL Mehl, 2 EL saure Sahne oder Dosenmilch.

Fleischstücke über Nacht in der Marinade ziehen lassen. In einem Schmortopf die kleingehackten Zwiebeln und Knoblauchzehen goldgelb anrösten, das geschnetzelte Fleisch dazugeben und gut durchrösten lassen. Mit Beize und Fleischbrühe aufgießen, das Mehl mit etwas Fleischbrühe glattrühren und einkochen, würzen, mit Sahne und etwas Zitronensaft pikant abschmecken.

Dazu paßt Gemüse, Nudeln oder Reis.

Schaf- und Karibufleisch haben einen strengen Wildgeschmack, weshalb ich dies gerne mariniere, auch für Ragouts oder Geschnetzeltes.

Marinierter, eingelegter Fisch

Zutaten für 4 Personen:
800 g Fischfilets; für die Marinade: 1 l Wasser, ½ l Essig, 1 EL Senf- und Pfefferkörner, 4 Lorbeerblätter, 1 EL Dill, 2 bis 3 Zwiebeln.

Fischfilets auf beiden Seiten in heißem Fett kurz anbraten, die Marinade aufkochen, die Zwiebeln in grobe Ringe schneiden. In einem Steingut- oder Porzellantopf abwechselnd die vorgebratenen Fische und Zwiebelringe einschichten. Die abgekühlte Marinade darüber leeren, Fisch beschweren und Topf gut verschlossen mindestens 24 Stunden an einem kühlen Ort aufbewahren. Besonders minderwertige Fische, mit vielen kleinen und kleinsten Gräten lassen sich so wunderbar verwerten. Nach 24 Stunden sind die Gräten so weich, daß sie unbedenklich geschluckt werden können, der marinierte Fisch hält in einem gut verschließbaren Topf oder Glas 2 bis 3 Wochen und ist eine sehr erfrischende Vorspeise.

Gossip-Time

Morgens zwischen 6 und 10 Uhr und abends zwischen 20 Uhr und Mitternacht laufen im Umkreis von etlichen 100 Meilen unseres Camps im Yukon die Funkgeräte heiß, dann ist „gossip-time", zu gut Deutsch Klatsch-, Tratsch- und Nachrichtenübermittlung. Abgesehen von den lebensnotwendigen Verbindungen, die ein Funktelefon – wir haben in jedem Lager eines installiert – herstellt, ist dies im Busch auch die einzige Möglichkeit der Kommunikation. So wie wir alle unsere Nachbarn anfunken können, von ihnen angepeilt werden, so können wir aber auch alle Gespräche, die diese untereinander führen, mithören. Alles, was da durch den Äther schwirrt, Privates oder Dienstliches, wird mit Genuß belauscht – „no privacy" –, eine der wenigen kleinen Freuden und menschlichen Schwächen, die wir uns hier draußen in der Wildnis leisten!

Frühmorgens kommt zuallererst der Wetterbericht, dann alle geschäftlichen Durchsagen, wie z. B. An- und Abreise von Gästen, Mitteilungen über Einfliegen von bestellten Materialien und Lebensmitteln, dann folgen die neuen Einkaufslisten. In jeder Flugbasis gibt es eine Serviceabteilung, die unsere telefonischen Bestellungen entgegennimmt, Boten zum Einkaufen schickt und das Gewünschte dann mit der nächsten Gruppe von Gästen einfliegen läßt. Hauptsächlich sind es die frischen Sachen, wie Obst, Gemüse, Milch, Eier und Butter, die ich nachbestellen muß, aber auch einige Kästen Bier und viel, viel Whisky; die Einsamkeit des Nordens verträgt der Europäer – so scheint es mir – viel leichter, wenn er genügend „Geist" im Magen hat!

Anschließend an diese rein geschäftlichen Dinge kommt für uns Yukon-Ladies das „Hausfrauenjournal", dann unterhalten sich

Peggy und May über ein neues Kochrezept für Karibu, Liza ist auf der Suche nach einer Strickanleitung für warme Unterwäsche, und sollte die Freundin diese nicht weitergeben können, dann schaltet sich eben eine Nachbarin – die rein zufällig das Gespräch mitangehört hat – ein und gibt ihr Wissen weiter. Grandma Olga, über 80 Jahre jung, in Ross River lebend, ist eine, von der wir alles erfahren können, was wir „greenhorns" hier im Busch noch lernen müssen. Olga ist ein alter „sourdough" (jedermann, der einen richtigen Yukon-Winter überlebt hat, darf sich stolz als „sourdough" (Sauerteig) bezeichnen und trägt diesen Titel mit Würde), und ihr zu lauschen ist immer ein Vergnügen. Die alte Dame bewacht ihr Funkgerät anscheinend rund um die Uhr. In wenigen Tagen würde ihr Urenkel aus Los Angeles zu Besuch kommen, sie hat ihn noch nie gesehen, das erzählt sie uns nun tagelang über Funk, und wir freuen uns alle mit ihr.

Hier am Einarson Lake, im nördlichen Yukon, ist meine nächste Nachbarin die Köchin in einem „mining-camp", rund 150 km nordwestlich von mir, und der „unmittelbare" Nachbar ist ein Geologe der Regierung, der in den Bergen nach Bodenschätzen sucht und sein Lager etwa 80 Kilometer östlich von uns hat. Wenn das Wetter gut ist, dann empfangen wir alles, was zwischen Whitehorse, Ross River, Watson Lake und Mayo gesendet wird – unsere Nabelschnur zur Zivilisation. Ach, und es ist herrlich und so tröstlich zu wissen, daß es da draußen andere Menschen gibt, die mit ähnlichen Problemen zu kämpfen haben wie ich. Dreimal hätte sie nun in Watson Lake schon frische Melonen bestellt, beschwert sich Sue, die Campköchin, und nie welche bekommen, der Salat, den die lieferten, wäre auch schon mehr Heu als frisch gewesen! Einkaufen hier im Norden ist eben doch ganz anders als in der Stadt. Manches Mal bieten wirklich die Konserven den einzigen Ausweg, um eine abwechslungsreiche, schmackhafte Mahlzeit auf den Tisch zu bringen.

Mike, der Geologe im Osten, ist ein besonderer Feinschmecker, hält auch von der Dosenkost nicht viel, dabei scheinen seine Kochkenntnisse nicht allzu herausragend zu sein. Einige Male in der Woche höre ich ihn einfach auf gut Glück in den Äther rufen: „Wer von den Ladies da draußen hört mich und kann mir sagen, wie ich ein gutes Ragout vom Schaf koche? Was brauch' ich denn außer dem Fleisch noch dazu, und wie lange wird es dauern, bis ich dann endlich essen kann?" Eine von uns schaltet sich natürlich dann gleich ein – meistens ist Granny Olga am schnellsten! Ich zücke aber genauso schnell meinen Bleistift und schreibe eifrig das Rezept mit.

Eines Tages bestellte sich Mike sieben Hühner und einen Hahn – aber sie müßten unbedingt lebend sein, denn ab sofort möchte er auf sein frisches Frühstücksei nicht mehr verzichten. Er gab genaue Anweisungen, wie die Gitterställchen aussehen sollten für den Transport mit dem Flugzeug und welches Körnerfutter er für sein Federvieh haben möchte. Einige Tage später hatte er dann die gakkernde Gesellschaft in seinem Camp und war sehr zufrieden und glücklich. Zwei Tage später haben Wiesel und Marder zwei seiner Eierlieferanten bereits angeknabbert, die anderen fünf hat sich eine Wolverine (Vielfraß) geholt, den Hahn hat er dann – damit dieser nicht am einsamen, gebrochenen Herzen stirbt – selbst in die Pfanne befördert. Aus war der Traum mit den täglich frischen Frühstückseiern, sein Camp mußte er sogar verlegen, denn die Wolverine hatte einen Besuch abgestattet, keine Hühner mehr gefunden, aber dafür übel riechende „Protestmarken" hinterlassen. Jeder, der es hören wollte – und wir alle wollten es natürlich hören –, erfuhr noch tagelang danach die traurige Story von Mikes Federvieh.

Zu den ersten und wichtigsten Lektionen, die ich in jedem neuen Camp lernen muß, gehört das Kartenstudium, um festzustellen, wo genau unsere Position ist, wie weit die einzelnen Flugbasen bzw. die Nachbarlager entfernt sind und in welcher Himmelsrichtung sie liegen. Den heißen Draht zur Flugambulanz gibt es in jedem Camp – man kann ja nie wissen. Dann kommt es aber auch vor, daß ein Funkgerät nicht die notwendige Sendeweite hat, so daß es notwendig werden kann, daß eine Nachricht von Camp zu Camp weitergeleitet wird, bis sie beim Empfänger eintrifft. Ronald, auch ein Geologe der Regierung, der sein Lager an der Grenze zu den Northwest-Territories aufgeschlagen hat, ist einer meiner „Kunden", dessen Nachrichten und Botschaften über unser Lager nach Watson Lake oder gar weiter bis White Horse geleitet werden.

Jeder „gossip" aber erstirbt sofort, wenn eine Unfallmeldung durch den Äther schwirrt. Es ist ein ungeschriebenes Gesetz der Wildnis, daß jede nur mögliche Hilfe angeboten wird. Flugzeuge werden mitunter umgeleitet, um erst den Verletzten zu bergen und ins nächste Krankenhaus zu bringen. Gott sei Dank ist dies sehr selten der Fall, wir alle wissen, daß Vorsicht hier oberstes Gebot und Leichtsinn oft mit Tod gleichzusetzen ist!

„711 portable, 711 portable, can you read me? ..." So starte ich allabendlich meinen Kontrollruf hinaus in die Außencamps und will wissen, wie es den Gästen und Jagdführern draußen ergangen ist. Beruhigt bin ich erst, wenn aus allen Ecken ein „o.k., fine" kommt, mithin alles in bester Ordnung ist. Verschlüsselt kommt dann oft auch eine Erfolgsmeldung über ein Waidmannsheil herein, wie z. B. „Wir konnten das ewige Ziegengemecker nicht mehr mitanhören" oder „Morgen gibt's eine volle Ladung für Watson". Dann weiß ich, daß der Gast erfolgreich war, und oftmals kommt es mir dann sehr hart an, nicht voll Begeisterung zu gratulieren – das wird aber dann bei der nächsten Gelegenheit nachgeholt. Warum verschlüsselt? Das habe ich mich selbst lange gefragt; aber das gehört zu den Bubenstreichen, den Lausbubenstückerl meiner Jagdführer. Zudem gibt es Konkurrenzkampf, selbst hier im hohen Norden, die Grenzen sind auch nicht so genau abgesteckt. Wer möchte da schon einem Fremden auf die Nase binden, wo gute Plätze für die Jagd auf Schaf, Elch oder Karibu sind und damit seine eigenen Jagdführerchancen schmälern.

Abends ist „gossip-time" für die Männer – vor allem –, ist es doch eine fast reine, rauhe Männerwelt hier draußen, und wir vereinzelten Weiblein im Busch müssen sehr darauf achten, nicht auch zu verrohen, zu hart zu werden oder uns den etwas derben Umgangston anzugewöhnen. Abends unterhalten sich dann Bob und Jack über ihr letztes freies Wochenende in White Horse und über die tollen, neuen Stripgirls, mit den endlos langen Beinen und den riesengroßen... usw., die dort zur Zeit gastieren, und wie gerne man diese Damen näher kennenlernen möchte. Da funkt dann aber auch schon Mrs. Peggy dazwischen, bitterböse und entrüstet, solche Obszönitäten wären nun wohl wirklich nicht notwendig, und außerdem möchte sie sich unbedingt mit ihrer Schwester über die bevorstehende Johannisbeerernte unterhalten. Da sagen die Männer dann ganz cool: „No, mam, morgen ist wieder eure Zeit, jetzt sind wir dran!", und munter geht der „gossip" weiter. Joe mischt sich ein und erzählt, daß derzeit in Ross River eine neue Barmaid, eine ganz besonders tolle Biene, bedient, und so beschließen die drei, an ihrem nächsten freien Wochenende diese Ecke unsicher zu machen. Die endlosen Diskussionen über neue Boote, Flieger oder Autos möchte ich gar nicht wiedergeben, trotzdem aber geistert in den Schädeln dieser einsamen Männer im Busch mehr „Whisky, Weib und Spaß" als sonst etwas!

Wir hatten einen Schafjäger mit seinem Jagdführer tief in die Berge geflogen, und auf seine Meldungen wartete ich immer besonders ungeduldig. Und dann kam eines abends doch das o. k., erfolgreich waren sie, alles sei bestens, er genieße die Zeit so sehr, daß er noch gerne einige Tage in den Bergen bleiben möchte. Proviant hätten sie ja nun auch wieder genug, und gerade würde ihnen der mitgegebene Hackbraten ganz besonders gut schmecken. – Kurze Zeit darauf knackt und knistert es in meinem Funkgerät, und aus drei verschiedenen Richtungen werde ich angepeilt und gefragt, wo denn mein Camp genau sei. Die Herren möchten gar zu gerne auf eine Portion Hackbraten vorbeikommen, den hätten sie ja seit Großmutters Zeiten nicht mehr gegessen. Ob ich noch genügend Fleischvorräte hätte und ob ich sie zum Dinner einladen würde? Da ich weiß, daß Frischfleisch „in Anflug" ist und uns allen Abwechslung guttut, gilt die Einladung, und wir alle freuen uns darauf.

Frühmorgens habe ich schon mit dem Faschieren des Fleisches begonnen, stundenlang die Kurbel zu drehen stärkt die Muskeln! Währenddessen hat der Brotteig Zeit genug aufzugehen, und als am späten Nachmittag dann die drei kleinen Wasserflugzeuge über meinem See kreisten, da roch das ganze Tal nach würzigem Hackbraten und frischem Brot, den Männern lief sichtlich das Wasser im Mund zusammen. Fast stadtfein hatten sie sich gemacht, sprich das reinere Unterhemd über das schmutzigere Oberhemd gezogen, die Haare mit nassen Fingern in Form gebracht und die Stiefelspitzen an den Hosenbeinen saubergerieben. Nette Kerle, rauh, aber herzlich und bei weitem nicht so derb und ungebildet, wie wir überheblichen Europäer dies gerne annehmen. Zwei Geologen und Jason, Vorarbeiter in einem „mining-camp", in dem nach Kupfer geschürft wird. Bei seinem nächsten Besuch will er seinen Koch mitnehmen, damit dieser lernt, einen „oldfashioned meatloaf" zu machen. Die Party war ein voller Erfolg, kein Krümel Braten oder Brot blieb über. Und als sie alle dann kurz vor Mitternacht – es war noch immer hell und warm um diese Zeit – aufbrachen, da waren wir uns einig, daß dies eine Wiederholung wert war.

Auch davon hat man noch lange während der täglichen „gossiptime" berichtet, was mich natürlich sehr freute und irgendwie zu einem Mitglied dieser harten, rauhen, herzlichen Gesellschaft machte.

Oldfashioned meatloaf
(Hackbraten nach Großmutters Rezept)

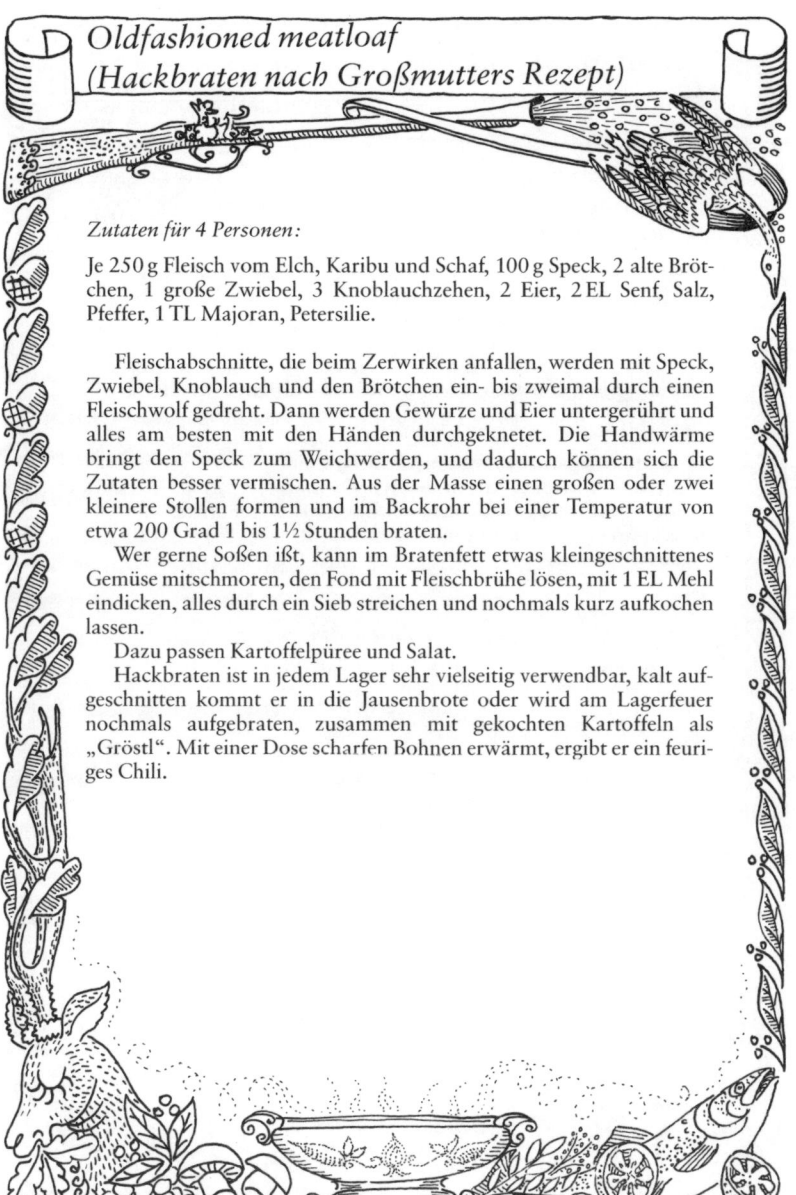

Zutaten für 4 Personen:

Je 250 g Fleisch vom Elch, Karibu und Schaf, 100 g Speck, 2 alte Brötchen, 1 große Zwiebel, 3 Knoblauchzehen, 2 Eier, 2 EL Senf, Salz, Pfeffer, 1 TL Majoran, Petersilie.

Fleischabschnitte, die beim Zerwirken anfallen, werden mit Speck, Zwiebel, Knoblauch und den Brötchen ein- bis zweimal durch einen Fleischwolf gedreht. Dann werden Gewürze und Eier untergerührt und alles am besten mit den Händen durchgeknetet. Die Handwärme bringt den Speck zum Weichwerden, und dadurch können sich die Zutaten besser vermischen. Aus der Masse einen großen oder zwei kleinere Stollen formen und im Backrohr bei einer Temperatur von etwa 200 Grad 1 bis 1½ Stunden braten.

Wer gerne Soßen ißt, kann im Bratenfett etwas kleingeschnittenes Gemüse mitschmoren, den Fond mit Fleischbrühe lösen, mit 1 EL Mehl eindicken, alles durch ein Sieb streichen und nochmals kurz aufkochen lassen.

Dazu passen Kartoffelpüree und Salat.

Hackbraten ist in jedem Lager sehr vielseitig verwendbar, kalt aufgeschnitten kommt er in die Jausenbrote oder wird am Lagerfeuer nochmals aufgebraten, zusammen mit gekochten Kartoffeln als „Gröstl". Mit einer Dose scharfen Bohnen erwärmt, ergibt er ein feuriges Chili.

Kräuterbrot-Stangen

Zutaten für mind. 6 Personen:

800 g Weizenmehl, ¼ l warmes Wasser, 2 EL Trockenhefe, 2 EL Öl, 1 Ei, je 2 EL Kräuter (Schnittlauch, Petersilie, Kerbel), 2 EL geröstete Zwiebelringe, Salz und Kümmel.

Mehl in eine tiefe Schüssel geben, in der Mitte eine Mulde drücken, darin Wasser und Hefe leicht verrühren und etwa 30 Minuten bei Ofenwärme gehen lassen. Ei, Öl und Kräuter unterrühren und alles gut durchschlagen. Teig auf ein Brett geben und fest durchkneten. Nochmals ruhen lassen, bis sich die Masse an Umfang verdoppelt hat. Wieder fest durchkneten, Rollen von 2 cm Durchmesser formen, 2 und 2 zu einem Zopf zusammendrehen, mit Ei bestreichen, mit Salz und Kümmel bestreuen, nochmals ruhen lassen und dann bei 180 Grad 20 bis 25 Minuten backen.

Petersilie und Suppengrün...

Ein Wort zur Küche möchte ich noch gerne unterbringen. Einkaufen ist die liebste Beschäftigung einer Frau... so sagen, so glauben die Männer und besetzen diese „Beschäftigung" eher negativ. Mich ärgert und wurmt das manches Mal sehr, denn nicht nur meiner Meinung nach ist Einkaufen eine sehr ernsthafte Arbeit, vor allem wenn man versucht, mit niedrigen Kosten das Beste vom Besten auf den Tisch zu stellen.

„Ein Mann kann in einer Karre nicht so viel einfahren, wie sie in ihrer Schürze hinaustragen kann"... so ähnlich hieß es noch zur Zeit meiner Großeltern, und richtig ist das. Sparsame Haushaltsführung und dennoch schlemmen – eine Herausforderung, die ich immer wieder gerne annehme. Hinzu kommt für mich noch die Tatsache, daß es hier im Norden, sei es nun in Britisch-Kolumbien oder im Yukon, gar nicht so einfach ist, zu jeder Zeit alles zu bekommen – und vor allem sollten die Preise stimmen.

Ein Jagdbetrieb ist ein Dienstleistungsbetrieb, die Personalkosten sind hoch, die Transportkosten für europäische Begriffe enorm, aber aufgrund der weiten Entfernungen verständlich. Die einzige Möglichkeit, mit den kalkulierten Preisen durchzukommen, ist eine umsichtige, sparsame Haushaltsführung. Und als Haushalt – mehr oder weniger groß – sehe ich meine Campküchen an. Problematisch ist oft auch die Lagerung der Lebensmittel, denn nur in wenigen Jagdhütten habe ich gasbetriebene Kühlschränke oder Kühltruhen, die einmal täglich an ein Notstromaggregat angeschlossen werden. Also versuche ich, das Beste draus zu machen, und ich kann eben nur in den ersten Tagen wirklich empfindliche Produkte wie Sahne, Hühnchen, Erdbeeren servieren, dann wird's rustikaler und handfester! Natürlich wäre die bequemste Lösung die Konserve, aber auch die schmackhafteste? Mein großer Stolz ist meine abwechslungsreiche, fast schon exquisite Küche unter Verwendung frischer Nahrungsmittel – so gut es eben geht und so lange diese wirklich frisch sind! Milch und Milchprodukte stellen ein größeres Problem dar als Fleisch, Obst und Gemüse. Hier muß ich schon hin und wieder auf Büchsenmilch oder Trockenmilch zurückgreifen, Margarine oder Schmalz statt Butter, nur Trockenei – ich verwende es höchstens ab und zu zum Kuchenbacken – habe ich nicht auf der Einkaufsliste.

Eiskalte Gebirgsflüsse und Bergseen ersetzen den Kühlschrank, Gruben im schattigen Waldboden mit guter Moosabdeckung helfen auch gut. Im Yukon geht das überhaupt prima, da bin ich nach 30 bis 40 Zentimeter graben schon am Permafrost, und in dieser kalten Schicht bleibt selbst Butter lange frisch. Zug um Zug rüste ich die Camps nun mit altbewährten „Kühltruhen" aus, besorge mir gut verschließbare Blech- oder Aluminiumkisten oder -fässer, die ich eingrabe, meist einige Gehminuten vom Camp entfernt – wegen der Bären! –, ein einfaches Satteldach aus Holz, mit Moos und Soden belegt, fertig ist mein Yukon-Kühlschrank! Von Zeit zu Zeit kippe ich einen Eimer Wasser über mein „Grünzeug", damit es nicht verdorrt und besser isoliert, denn es gibt kaum Regen während der Sommermonate, die Luft ist extrem trocken, die Sonne scheint 20 Stunden. So verpackt, nicht nur gut geschützt vor Sonne und Wärme, auch vor Bären, Marder und Wiesel, bleiben Fleisch, Gemüse, Eier und Käse lange, lange frisch.

Noch besser läßt sich vorgebratenes oder gekochtes Fleisch derart aufbewahren, und wenn ich etwas „Luft" zwischen den Gästegruppen habe, dann wird vorgekocht, daß der Ofen nur so glüht. Die Portionen werden dann in Plastikbehälter gegeben und mit einer dicken Fettschicht (am liebsten Bärenschmalz) versiegelt. Dieses Fett wird dann gleich beim Verkochen verwendet, sei es zum Braten des Fleisches oder Kartoffelschmarrns. Und dann werden die Blechkisten oder das 100-l-Aluminiumfaß gefüllt, zuunterst kommen die länger haltbaren Menüs, in Plastiktüten, mit langen

Schnüren versehen, die ich beim Faß oben herausschauen lasse; so kann ich sie später leichter entnehmen. Da ich nicht zu den stattlichen Walküren gehöre, müßte ich anderenfalls kopfüber in so einem großen Faß untertauchen. Darauf geschichtet dann Schweinefleisch und Geflügel, auch vorgedämpft oder nur in einer Ölmarinade eingelegt, außerdem Karotten, Zwiebeln und Salate, wenn noch Platz ist, sowie Speck, Schinken und Würste. Deckel gut verschließen, Steine drauf und dann das „Gründach" drübergestülpt – viel Aufwand nicht wahr, verglichen zum einfachen Öffnen und Schließen einer Kühlschranktüre!

Ab Mitte September habe ich jedoch diese Sorgen, daß mir Fleisch verderben könnte, nicht mehr, dann sind die Nächte schon sehr kalt, und tagsüber weht ständig eine frische Brise. Folglich hängen wir das Wildbret in ganzen Stücken in ein Fleischhaus, eine Hütte, deren oberes Drittel nur aus Holzrahmen mit Fliegengitter besteht, damit ständig Durchzug ist. Halb luftgetrocknet hält sich das Fleisch über Wochen in der extrem kalten und trockenen Luft. Ich brauche nur das entsprechend große Bratenstück aus der Keule zu schneiden, die Steaks aus den Filets oder Rückenstreifen. Was derzeit nicht benötigt wird, wird zwischendurch zum Fleischer ausgeflogen und wandert in die Kühltruhe zu Hause.

Nun aber nochmals zurück zum Einkaufen. Sobald ich eine Gästeliste habe, also in etwa weiß, wie viele Personen für wie viele Tage in welches Camp gehen werden – Änderungen sind immer drin –, geht es ans Zeitunglesen und Herausfinden, welcher Großmarkt wann und wo einen sogenannten „caselot-" oder „bulksale" hat. Hier kann man sich oft bis zu 50 Prozent des normalen Einkaufspreises ersparen, sei es nun an Grundnahrungsmitteln wie Mehl, Zucker, Reis und Nudeln oder an Konserven, Waschpulver, Toilettenartikel etc. – nicht zu vergessen, auch das Klopapier! Immer einen übergroßen Vorrat davon einkaufen, denn nirgendwo wird dieses Papierchen so vielseitig verwendet wie im kanadischen Busch! Sei es zum Briefeschreiben, als Feuerstarter für Lagerfeuer, selbst Zigaretten wurden daraus schon gedreht, und ich selber verwende es gerne zur Markierung meiner Wege. Weiße Mascherl an Bäumen und Sträuchern helfen mir, wieder aus der Wildnis zu finden, damit es mir nicht ergeht wie Hänsel und Gretel. Der nächste starke Regen schwemmt sie ab, nach einigen Tagen sind sie zerfallen und unsichtbar – tausendmal umweltfreudlicher als die bunten Plastikbänder, die nicht selten auch in B.C. die Trails verunzieren. Und wenn ich wieder hin will, zu jenem besonders guten Schwammerlplatz, zu jener so ergiebigen Beerenlichtung, dann suche ich mich aufs neue durch – jedesmal wieder ein neues Abenteuer, und ich muß nicht zehn Generationen meine Geheimwege preisgeben. Oder?

Beim „bulksale" bekomme ich z. B. meine Gewürze, die ich ja in großen Mengen benötige, unverpackt und kann mir selber die Menge auswiegen, die ich möchte, aber auch Mehl, Reis, Zucker, Salz und Nudeln gibt es „offen" wie seiner Zeit bei uns in Tante Emmas Laden. Dadurch kann ich umweltfreundliche Papiersäcke verwenden, spare mir sperrige Verpackungen, die besonders beim Einfliegen der Güter und bei der Entsorgung Probleme darstellen würden. Über die Entsorgung möcht' ich später noch ein Wort sagen.

Eine kleine Einkaufsliste zur Vorsorge für 5 bis 6 Personen über eine Zeit von 10 bis 12 Tagen würde dann so ausschauen:
20 kg Mehl, 2 kg Reis, 5 kg Nudeln, 1 kg Haferflocken, 1 kg Grieß, 3 kg Salz, 3 kg Zucker, 2 kg Kaffee, 1 Dose Backpulver, 1 Dose Trockenhefe, 1 kg Marmelade, ½ kg Honig, 1 kg Müslimischung, 1 kg Pancakemix (Fertigmischung für Pfannkuchen), 1 kg Maizena, 3 Schachteln Tee, 12 Pkg. Puddingpulver, 1 l Mayonnaise, 1 l Ketchup, ½ l Senf, 2 kg Hartkäse, 1 kg Quark, 6 kg Butter und Margarine, 2 l Öl, 5 l Essig, 20 kg Kartoffeln, 10 kg Zwiebeln, 20 kg gemischtes Gemüse je nach Saison, 10 Salatköpfe, 150 Eier, 10 kg Äpfel, 10 kg Orangen;
an Dosen: 12 verschiedene Kompotte, 3 Sauerkraut, 5 grüne Bohnen, 5 Erbsen, 6 Tomaten – und als eiserne Reserve, falls kein

Jagderfolg eintritt (was bei Ehre und Gewissen noch nie der Fall war) 15 Fleischkonserven. 5 kg Rinderbraten, 20 Schweinekotelettes, 5 kg Hackfleisch, 4 ganze Hühner, 3 Seiten Speck, 1 ganzer Schinken, 5 kg Dauerwurst, Petersilie, Majoran, Kümmel, Dill, Oregano, Thymian, Knoblauchpulver, Lorbeerblatt, Muskat, Nelken, Zimt, Vanille, Curry, Pfeffer, Paprika, Suppenwürfel, 12 Fertigsuppen. Abwaschhilfe, Seife, Scheuermittel, Lunchsäckchen, Butterbrotpapier, Aluminiumfolie, Küchenrollen, Klopapier, Servietten, Streichhölzer. Alles gut verpackt und verstaut in Schachteln, zum Einfliegen bereitgestellt! Eine ähnliche Liste liegt z. B. in Whitehorse und Watson Lake bei einem Supermarkt aus, und sobald mein Funkspruch bezüglich Nachbestellung in den Laden kommt, wird mir die nächste Ladung geliefert.

Einmal habe ich es mit meinen Gästen besonders gut gemeint, und da ich selber einkaufend unterwegs war, wollte ich sie mit Eiscreme zum Dessert überraschen. Große Mengen, wie 5-l-Plastikeimerchen, sind bei den Kanadiern sehr beliebt. So ein Eimerchen habe ich auch gekauft, ich glaube es war Vanille/Haselnuß/Schoko, aber es sollte nicht gutgehen. Beim Rückflug ins Camp nach Einarson Lake wurde der Eiscreme der Behälter zu eng – der Pilot sagt, daß auch der Druck in dieser Flughöhe mitgespielt habe, auf jeden Fall gab's plötzlich eine kleine Explosion, der Deckel des Eimers sprang auf, und heraus quoll Eiscreme, Eiscreme, Eiscreme und war nicht zu stoppen. Alle anderen Säcke und Schachteln waren schon verschmiert und verklebt! Es kam mir vor wie im Märchen „Der süße Brei" von den Gebrüdern Grimm, und ich hätte gerne den Zauberspruch gewußt, um den Segen zu stoppen – von da an gab's nie wieder Eiscreme per Flieger!

Ich bin zwar keine Vegetarierin, esse aber für mein Leben gerne viel frisches Gemüse und versorge daher auch meine Gäste – nicht ganz uneigennützig – damit. Hier kommt mir die noch heile Umwelt in Kanada ebenfalls sehr entgegen. Ohne mit der Wimper zu zucken, koche ich meinen Spinat fast das ganze Jahr hindurch aus frischgepflückten Brennesselblättern, vermischt mit jungen Trieben des Wiesenbärenklaus, Löwenzahn und Melde, viel Knoblauch, etwas Muskat dazu – einfach köstlich. Sehr beliebt bei den Frühjahrsbärenjägern und Fischern sind meine in Butter gedünsteten „fiddelheads" – die ganz jungen, noch fest zusammengerollten Triebe des Farns –, und mein „kanadischer Bambus" zu den süßsauren Hühnchen ist nichts anderes als junge Blätter und Triebe des Sumpfrohrkolbens. Frische Kräuter für Salate und Suppen wachsen in jedem Camp bis in den Winter hinein und werden von mir besonders gerne verwendet. Aber auch das Auge kommt nicht zu kurz – wie schön sieht doch eine Schüssel voll grünen Salats aus, dem als Würze und Dekoration Veilchenblüten, Gänseblümchen, Schlüsselblumen, gehackte Löwenzahn- und Schafgarbenblätter untergemischt wurden. Keine Angst, liebe Leserin, lieber Leser, alle meine Gäste sind noch immer gesund und ohne Vergiftungserscheinung (außer der des Alkohols!) nach Hause gereist – im Gegenteil, viele haben sich so wohl gefühlt wie schon seit Jahren nicht mehr. Dank auch der vielen Kräuterln, die ich so gerne unters Essen mische – denke ich mir.

Auch jene, die mich meine Schwammerlsoße immer vorkosten lassen und hinterher erst ihren Löffel in diese Köstlichkeit tauchen, vertrauten mir ab diesem Moment blind – was Pilze anbelangte! Und was gibt es Herrlicheres – an fleischlosen Tagen – als so eine Soße aus Pilzen, die noch vor einer Stunde auf einer sonnigen Lichtung standen und jetzt mit Semmelknödeln serviert werden. Da kann kein Dosengulasch mithalten – schon eher ein scharfes, würziges Gulasch aus echten Reizkern mit Spätzle!

Mein Vorrat an Wacholderbeeren geht nie aus, wachsen sie doch überall im Lande und sind geradezu ein Muß bei allen Wildgerichten, ebenso das Preiselbeerkompott oder die Moosbeerensoße, die den Tupfen auf dem I bei einem Wildbraten ausmachen. Und all diese köstlichen Gaben Gottes wachsen rund um meine „Wohnstatt" und warten nur darauf, geerntet zu werden. Von mir gesät,

Campküchen zweimal anders, Burns Lake, B. C.

Im Reich der Giganten – Elchtrophäen aus dem Yukon

zur alljährlichen Ernte, sind Petersilie, Schnittlauch und Liebstöckl, winterharte Kräuter, mehrjährig, problemlos und pflegeleicht.

Ja, mit der Versorgung hab' ich mittlerweile alles wunderbar im Griff, eher weniger gut finde ich die Entsorgung; und da liegt noch ein gutes Stück Arbeit vor uns.

Bei Heinrich in Britisch-Kolumbien, dessen Hütten mehr oder weniger mit Autos zu erreichen waren, gab es keine Probleme. Dort sammelte ich alle anorganischen Abfälle in großen Plastiktüten. Diese wurden bei „Schichtwechsel" zur Mülldeponie des nächsten Ortes mitgenommen. Die organischen Abfälle und Speisereste habe ich weit weg vom Camp in eine dafür vorbereitete Grube gebracht, wo sie dann entweder eingegraben oder von den Bewohnern des Waldes dankend angenommen wurden. Kleinnager und Vögel waren ganz heiß auf die Salatblätter, Kartoffelreste und Gemüseabfälle. Waidmannsheil auf einige Kojoten hatten wir in diesem „Bezirk" auch!

Die Gäste werden von mir immer und immer wieder gebeten, die Frühstücksbeutel und leeren Getränkekartons mit zurück ins Lager zu bringen. Papier zum Einheizen brauche ich alle Tage, da kann ich doch gleich die alten Säcke und Päckchen verwenden! Außerdem behagt mir der Gedanke nicht, ein Camp zu verlassen und zur nächsten Saison liegen noch die „weniger sterblichen Überreste" der letzten Gäste irgendwo im Wald herum. Denn wie es der Teufel will, pürschen sie denselben Pfad, rasten am selben Felsen – und jeder Gast träumt doch davon, der erste Mensch an diesem Ort zu sein, da Kanada ja so unendlich groß und weiträumig ist! Und hier ein großes Lob an meine Gäste und die Boys: Obwohl ich natürlich nie nachgezählt habe, hat es immer herrlich funktioniert!

Im Yukon ist es da etwas schwieriger, nicht mit dem „Nahverkehr" der Abfälle, aber wegen der größeren Entfernungen. Alles muß ja eingeflogen werden, die Preise sind entsprechend, sollte nun auch all der Müll wieder ausgeflogen werden, was ich am allerallerliebsten sehen würde, könnte sich das wieder auf die Preise auswirken. In der leeren Maschine wäre schon Platz, aber da wir von der

Crew dann alle in den Camps sind, müßten noch mehr Leute her, um den Müll vom Flugplatz dann weiterzutransportieren usw. Da hapert es eben noch, aber ich bin sicher, daß mir dazu auch noch etwas einfallen wird. Mittlerweile haben wir in jedem Camp unsere eigene „Müllentsorgungsanlage" – ich trenne genau nach brennbarem, verrottbarem Müll und Dingen, die einfach vergraben werden müssen, wie Dosen, Flaschen etc. Gut versteckt im Wald oder zwischen Felsen, weit weg vom Lager sind diese Gruben, stellen keinerlei Belästigung oder Umweltverschandelung dar, aber ganz glücklich bin ich damit eben doch nicht. Wir haben einfach die Pflicht, von uns so wenig wie nur irgendwie möglich unseren Nachkommen zurückzulassen – Schrott und Müll auf freier Wildbahn meine ich natürlich damit. Oft schütteln meine kanadischen Nachbarn und Kollegen den Kopf darüber, denn Umweltprobleme wie in Europa kennen sie noch nicht, das Land sei so riesig, die Natur sowieso in Ordnung – aber wie lange noch, müssen denn Fehler immer wieder gemacht werden? Wir Europäer sind schon damit auf die Nase gefallen, daß wir zu sorglos mit unserer Umwelt umgegangen sind – sollte man da nicht etwas mehr auf uns hören? Aber vielleicht bin ich auch nur zu penibel auf diesem Gebiet, was mir schon mehrmals vorgehalten wurde. Da habe ich doch endlich eine Wasserpumpe und das dazugehörende Aggregat bekommen und trage die schweren Wassereimer noch immer vom Fluß den steilen Hang zum Küchenhaus hinauf! „Warum machst du das?" fragen die Burschen mich, tippen sich an die Stirne – „Crazy, old girl". „O ja, crazy schon, aber sicherlich nicht stupid", antworte ich dann immer, „schaut, die Pumpe liegt doch genau neben dem Floß, an dem die Motorboote und die Flugzeuge befestigt werden, eine dünne Ölschicht schwimmt dort immer auf dem Wasser, daher hole ich mir zum Kochen lieber frisches, fließendes Flußwasser!" Das verstehen sie dann schnell, und geschwind suchen sie eine günstigere Stelle, um die Pumpe zu montieren – hätte ich von vornherein verlangt, sie anderswo zu versenken, hätte ich – wie hundert Male vorher – gehört, daß man dies jahrelang schon so macht und weiterhin so handhaben würde. Da sind noch einige Lernprozesse auf beiden Seiten notwendig, aber eigentlich sind es doch nur Kleinigkeiten, der Gast merkt es nicht, leidet nicht darunter und bekommt solche „Ungereimtheiten" auch nicht mit – hoffentlich! Aber „Da Mensch is a Sau" – singt Wolferl Ambros, und ich kann nur vollinhaltlich zustimmen. Der Zustand einiger Hütten und Lager, die wir mit dem Revier übernommen haben, spricht Bände, lassen mir heute noch die Haare zu Berge stehen und trieben mich schier zur Verzweiflung.

Ich will nun bei Gott nicht die Europäer als fanatische Saubermänner hinstellen und die Amerikaner oder Kanadier als „siehe oben", aber deren Auffassung von Ordnung und Sauberkeit und unsere trennt doch noch Welten. Natürlich sind wir mitunter wahre Sammelfanatiker, und Dinge, die in Europa achtlos weggeworfen werden, verwenden wir drüben noch lange; aber übertreiben sollte man dies auch nicht. Wenn ich an meine allererste Buschküche bei Heinrich in B. C. zurückdenke, dann kommt mir heute noch die Galle hoch. Derartiger Dreck, derartige Massen an Gerümpel und Schrott in und um den Hütten hatte ich nie zuvor in meinem Leben gesehen, und die erste Arbeit der Generalsanierung bestand darin, zwei Tage lang Lastwagen voll Unrat zur nächsten Mülldeponie zu führen. Auch bei meinem ersten Rundgang um jene Trapperhütte am Kluan-tun-tun meinte ich erst, auf ausgebleichte, vertrocknete Äste und Zweige zu treten, bis ich sah, daß diese kleine Zähnchen hatten und es sich um die gebleichten Gerippe unzähliger Marder handelte, die der Trapper einfach zur Haustür hinausgeworfen hatte und die dort liegenblieben – bis ich mit meinem eisernen Besen kam!

So sind die Menschen eben verschieden, die einen heben alles auf, finden für alles Mögliche und Unmögliche noch eine Verwendung, oder meinen es wenigstens, andere dafür glänzen in absoluter Reinheit und Sauberkeit, fliegen ihren Müll doch tatsächlich aus – leider, leider sind die Säcke dann irgendwo über den Bergen, in einem namenlosen Tal „verlorengegangen", oder sie wurden mit

Steinen beschwert im See versenkt, „das Wasser sei zum Tauchen und Sporttreiben ohnehin viel zu kalt, man würde den Dreck da unten sicherlich nie finden"! Auch ein Standpunkt. Aber sicherlich nicht unserer, und ich werde trotzdem immer und immer wieder daran arbeiten, meinen bereits eingeschlagenen Weg weiterzugehen, und versuchen, vorsichtig und diplomatisch, eine umweltfreundlichere Entsorgung des Mülls, auch aus den einsamsten Camps, einzuführen.

Sogar einige Dollars mehr müßte uns eine saubere Umwelt wert sein. Und mit gutem Beispiel vorangehen! Nachdem ich jetzt schon drei Saisons lang meine Marmelade in immer die gleichen Gläser einfülle, hat „Mann" eingesehen, daß auch auf andere Ziele Probeschüsse abgegeben werden können, es müssen keine Gläser klirren, um den Treffer anzuzeigen – Scherben bringen nicht nur Glück!

Nun noch etwas zu Wetter, Flora und Fauna. Wenn man in Europa an den Norden Kanadas, an den Yukon, denkt, dann verbindet man diese Gedanken mit Eis, Schnee, Eisbären sowie Eskimos in ihren Iglus.

So nahe am Pol lebe ich nicht, unser nördlichstes Lager ist zwischen dem 63. und 64. Breitengrad, ein Leben unter der Mitternachtssonne und dem Nordlicht ist es jedoch schon.

Der Winter ist kalt, sehr kalt und lang, sehr lang. Mitte September fällt der erste Schnee, der nicht mehr wegschmilzt, und erst Ende Mai tauen die Seen auf. Dazwischen gibt es Tage mit Temperaturen von minus 50 bis minus 60 Grad, die man aber, wenn man es irgendwie einrichten kann, zu Hause beim warmen Ofen verbringt. Schulen, Kindergärten und Ämter haben an solchen Tagen geschlossen, nur wenige Lebensmittelgeschäfte, Banken und Büros sind geöffnet. Auch dauert so ein Kälteeinbruch nicht viele Wochen, man wird durch Radio und Fernsehen vorgewarnt und sorgt vor, daß man zur Not auch einige Tage nicht aus dem Haus muß. Wenn es jedoch nicht anders geht, dann trägt man Gesichtsmasken und eben alles, was man an wärmenden Kleidern anziehen kann.

Alle Autos sind im Norden mit sogenannten „blockheater" bestückt, einer eingebauten Heizung, die den Motorblock warmhält. Vor jedem Haus, jedem Geschäft, Bank oder Restaurant sind „Zapfsäulen", in die man einfach sein Kabel einsteckt und den Motor elektrisch aufheizt bzw. warm hält. Dieser Service ist überall kostenlos! Außerdem stellt niemand den Motor seines Autos ab, wenn er für eine Stunde einkaufen oder zum Friseur geht. Sicherlich in unseren europäischen Augen eine Todsünde und Umweltbelastung, aber hier fast eine Lebensnotwendigkeit. Viele, viele Menschen sind in ihren Autos schon erfroren oder haben sich schwere Erfrierungen zugezogen, wenn sie durch eine Panne nicht mehr weiterfahren konnten.

Meine Standardausrüstung für eine Fahrt unter winterlichen Bedingungen ist daher Proviant für zwei bis drei Tage, zwei warme Schlafsäcke, ein kleiner Gaskocher (sowie ein kleiner Karbidofen, der jedoch noch nie zum Einsatz kam). Axt, Säge, Schaufel und eine Winde gehören das ganze Jahr über ins Auto, denn man weiß ja nie, wo man steckenbleibt!

Langlaufschier, Schneeschuhe und Hundeschlitten, ab und zu eine rasante Fahrt auf einem Motorschlitten, sind bessere Fortbewegungsmittel als das Auto. Die Wintertage sind durchweg strahlend, und die Kälte ist aufgrund der trockenen Luft wesentlich besser zu ertragen als österreichische minus 15 Grad Celsius!

Diese Wintertage sind jedoch geprägt von ihren Nächten – es sind eigentlich die Winternächte im hohen Norden Kanadas, die zählen. Wenn der Mond als riesige Scheibe vom Himmel leuchtet, daß man eine Zeitung ohne Lampe lesen kann, wenn das Nordlicht über das Firmament tanzt. Aurora borelis – niemand weiß so ganz genau, wie es eigentlich entsteht – Sonnenwinde, die verschieden geladene Sphären berühren, Stickstoff soll das Licht in ein intensives Grün oder Gelb verwandeln, Gelb, Rot und Orange sind durch Kohlenwasserstoffe hervorgerufen – einerlei wie und was auch immer –, das Schauspiel eines Nordlichtes zu erleben wird jedem Betrachter unvergeßlich bleiben. Oft stehen sie nur für den Bruchteil einer Sekunde am Himmel, dann wiederum für fast Stunden. Warm eingepackt in meinem Schlafsack, rudere ich oft nachts noch ein Stückerl auf den See hinaus, lege mich ins Boot und betrachte im sanften Wellengeschaukel die himmlische Lichterorgel, oder ich setze mich auf die Stufen meines Häuschens und vergesse ganz das Schlafengehen, denn alle Müdigkeit ist wie weggeblasen, wenn die ersten funkelnden Vorhänge und Schleier über den Himmel schweben. Dann bildet sich eine Kuppel, ein Dom in Gelb und Rosa, löst sich wieder auf in einen Schleiertanz aus Gelb und Grün, um kurz darauf giftgrüne Pfeile von Ost nach West zu jagen, als Himmelsleiter über dem See zu stehen. Zeit und Raum verwischen sich, werden unwichtig und nebensächlich, das Wunder des Alls überdeckt alles.

Die Jagd auf Wolf, Schneeschuhhasen, Waldhühnchen oder Eisfischen zählt zu den beliebtesten Freizeittätigkeiten aller „sourdoughs" (Sauerteigs), jene Menschen, die einen oder mehrere der langen Yukon-Winter durchgehalten haben, miterlebten, wie der Yukon River zufror und voll Spannung an seinen Ufern standen, um zu sehen, wie das Eis aufgeht. Und jeder ist stolz auf diesen Namen und auf diese Tatsache – es ist ein besonderer Typ von Mensch, der dies aushält und auch noch begeistert davon ist. Einmal Yukon, immer wieder Yukon, er läßt einen einfach nicht mehr los.

Dann kommen ein oder zwei Wochen, die nicht angenehm sind – der „break-up", die Zeit der Eis- und Schneeschmelze, wenn die Straßen und Wege zu uferlosen Schlammpisten werden, wenn man sich ohne Gummistiefel keinen Meter vom Haus wegbewegen kann.

Und dann kommt der Frühling! Explosionsartig, über Nacht, sind alle Zugvögel wieder zurück, erblühen die Blumen, erstrahlt die Welt, der Yukon, in einem anderen Licht. Die Sonne zieht ihre Bahn täglich um fünf bis zehn Minuten länger am Himmel, Mitte Juni geht sie fast gar nicht mehr unter. Ein Blumenmeer blüht neben den letzten Schneeresten, Weidenröschen, Anemonen, Margariten, Primeln, Nelken, Astern, Fingerhut und „shooting stars" (Orchidee) bilden Teppiche, man möchte gar nicht darüber gehen, um keines dieser kleinen Wunder zu zerstören.

Was fehlt, sind z. B. Obstbäume und blühende Sträucher, keine Kirschen- oder Apfelblüten, keine Allee aus Birnbäumen, dazu sind die Nächte zu rauh, der Boden zu karg. Aber in den Gärten rund um Watson Lake gedeihen Blumenkohl und Broccoli genauso wie Kraut und Kohlrabi in unbeschreiblicher Größe und hervorragender Qualität. 20 Stunden Sonnenschein machen es möglich. Wenn die Wachstumszeit auch nur von Ende Mai bis Mitte September dauert, macht doch der viele, viele Sonnenschein alles wieder wett.

Im Sommer sind 30 bis 35 Plusgrade keine Seltenheit, das Inlandsklima verspricht trockene, heiße Tage, Regenperioden über Wochen sind eher selten. Die Waldbrandgefahr steigt in dieser Zeit natürlich gewaltig an. Offene Lagerfeuer sollten vermieden werden, und entlang der Highways (der Fernstraßen) werden Warnschilder angebracht, die anzeigen, wie groß die Gefahr eines Waldbrandes ist. Die Plage durch Stechfliegen, Moskitos, Blackflies und die sogenannten „ney see ums" (man sieht sie nicht) ist zu dieser Zeit sehr groß. Zwar hat man begonnen, im Nahbereich der Städte Insektenvertilgungsmittel zu spritzen, aber abgesehen von einer neuerlichen Umweltbelastung durch diese Pestizide (Proteste dagegen erfolgen am laufenden Band) wird man dieser Plage einfach nicht Herr. Die unzähligen Sümpfe und Seen, das ideale Brutgebiet, lassen jährlich Miriaden dieser stechenden Quälgeister entstehen. Man lebt hier einfach damit, je stoischer und ruhiger man der Tatsache gegenübersteht, desto einfacher macht man sich sein eigenes Leben. Alle Fenster und Türen – auch die der Hütten in unseren Camps – haben Fliegengitter, abends zündet man ein stark rauchendes Feuer an, und ansonsten verwenden wir halt jede Menge Mittel zum Einreiben oder Einsprühen.

Sehr gut kann ich mich noch daran erinnern, als wir bei Heinrich im Juli ein neues Küchenhaus gebaut haben. Ich träumte davon, die herrlichste Bräune aller Zeiten zu bekommen, wenn ich den ganzen Tag lang die Möbel und Fensterrahmen im Sonnenschein lackieren werde, aber was war – mit zwei dicken Hosen, langärmeliger Bluse, Windjacke und an manchen Tagen sogar noch mit einer Daunenjacke darüber, habe ich im Schweiße meines Angesichtes (im wahrsten Sinn des Wortes) meine Arbeit verrichtet, der Badeanzug blieb im Rucksack. Und trotzdem waren wir alle so zerstochen, daß wir stundenlang kaum aus den Augen sehen konnten. Das einzige, was wirklich half, war, einfach nur die Unterwäsche zu wechseln. Die Oberkleider dagegen, stark mit Insektenabwehrmittel getränkt, sozusagen imprägniert, durften für Tage nicht gewechselt werden, dann hatte man Chancen, daß die schwarze Wolke der Moskitos 50 Zentimeter von einem Abstand hielt. Zum Atmen fuhren wir dann auf den See hinaus, wo uns eine ständige Brise die Plagegeister vom Leib hielt. Aber wie gesagt, das dauert auch nicht ewig, und man lernt, damit zu leben.

Pilze, Beeren und Kräuter wachsen in Überfluß, einen Wintervorrat anzulegen ist hier ein wahres Vergnügen – wenn man Spaß an diesen Dingen wie Beeren pflücken oder Pilze sammeln und Kräuter trocknen hat. Ich hab' ihn! Und da hier weder saurer Regen noch Abgase meinen „Naturgarten" belasten, glaube ich auch, für unsere Gesundheit etwas Richtiges und Gutes zu tun, wenn ich mich bei Zeiten mit diesen herrlichen Gaben Gottes eindecke.

Kommen der Frühling und Sommer eher im Dauerlauf, als Explosion, so geht der Sommer langsam in den Herbst über. Ein, zwei richtig kalte Nächte so gegen Ende August bringen die ersten Laubverfärbungen, einige Regenschauer lassen das dürre Gras des Sommers wieder sprießen, und ein neuer grüner Hauch liegt über dem Land. Die Hänge entlang des Babine Lake schimmern blau von Heidelbeeren, Preiselbeeren wachsen im Yukon in unglaublichen Mengen. Nachtfröste vertiefen die Süße der Beeren, und nicht nur ich, auch die Bären sind unermüdlich beim Ernten. Mitte bis Ende September sind die strahlenden Tage des Indianersommers. Ein Leuchten und Brennen zieht über die Wälder aus Pappeln, Espen und Birken; Weiden und Cottonwood stehen nicht nach. Gelb, Orange, Rot, vom sattestem Gold bis hin zum Blutrot hat

Maler Herbst seinen Pinsel über das Land getupft – das sind jene Tage, die der Europäer auf seinem Jagdurlaub erlebt, die wir ihm alle wünschen und nach denen er sich später zurücksehnt.

Im Yukon kommt oft schon Mitte September der erste Schnee, in Britisch-Kolumbien kann es einen Monat später sein, aber zu Halloween (die Nacht der Hexen, vom 31. Oktober auf 1. November) überzieht das Land eine mehr oder weniger dicke Decke aus frisch gefallenem, weißen, wirklich rein weißem, Schnee. Die Zugvögel, wie Gänse, Kraniche, Enten, Kolibris, Seidenschwänze, Hunderte über Hunderte mehr, bevölkern die abgeernteten Felder, rasten auf den Seen auf ihrer Reise in den Süden. Mit ihnen fliegen auch viele Einheimische gegen Süden, die Urlauber und Jagdgäste sowieso, Stille kehrt ein in die Reviere, ins Land. Der Schnee schluckt alle Laute, deckt zu und wärmt, was an Ort und Stelle auf den Frühling warten muß – der Kreis schließt sich.

Aus Blumen und Zweigen drehe ich einen schnell austrocknenden Kranz, hänge ihn an jede Hüttentür, auch an meine Haustüre, ein Dank für das gute Jahr ohne Unfall, aber auch als Zeichen, daß ich hier eine unvergeßlich schöne Zeit verbringen durfte, und hoffe, wieder und immer wieder hierher zu kommen – und sei es nur, um den Kranz zu erneuern!

Im Reich der Giganten

Innerhalb der immer größer werdenden Gruppe von Auslandsjägern ist der Elchjäger hier im hohen Norden von Kanada wohl zur Elitegruppe zu zählen. Es ist sicherlich nicht jedermanns Sache, für zehn bis 14 Tage auf alle Bequemlichkeiten und allen Komfort der Zivilisation zu verzichten, ja, die Zivilisation Hunderte von Kilometern hinter sich zu lassen und bei rauhen, winterlichen Wetterbedingungen auf den Elch zu jagen.

In Kanada „moose" genannt, bevorzugt er weite, unbewohnte Täler und Gebirgszüge als Lebensraum. Noch jedem unserer Gäste hat der erste Anblick eines ausgewachsenen Schauflers die Sprache verschlagen. In seiner Stärke und Massigkeit ist er die Urverkörperung der Weite, Einsamkeit und Rauhheit dieses Landes schlechthin. Auf überlangen, dünn wirkenden Läufen ruht ein oft zentnerschwerer, gedrungener Körper; auf einem kurzen, kräftigen Nakken sitzt das riesige Haupt mit dem überlangen Windfang, alles wird „überdacht" von einem enormen Geweih. Und dieses Geweih ist es, hinter dem Jäger aus aller Welt her sind, eine Trophäe so einzigartig, daß sie für viele zur Lebenstrophäe wird.

Im Gegensatz zum einheimischen Jäger, der vor allem junge Hirsche mit zartem Fleisch bevorzugt, suchen die Jagdführer für unsere Gäste nach reiferen Schauflern mit besonders starken Geweihen. Im Alter von sechs bis zehn Jahren schiebt der Elch seine stärksten Schaufeln, dann setzt er schnell zurück, die Schaufeln werden ungleichmäßig, schwächer und zweigen weniger Enden. Hohe, breite, weitausladende Schaufeln, Endenfreudigkeit und besonders starke Vorschaufeln, das ist es, was sich jeder Gast wünscht, eine Rekordtrophäe wenn's leicht geht. Und das Jahr 1991 hat uns in dieser Hinsicht großen Erfolg beschieden!

Mit dem Auf- und Ausbau seines nördlichsten Revieres im Yukon hat der junge Österreicher Baron Fritz einen Griff ins Herz des Reiches der Giganten getan. Von den insgesamt 14 in diesem Revier erlegten Elchen, erreichten vier das Rekordbuch Boone & Crocett, sechs Trophäen punkteten zwar auch noch über 200, versäumten aber die Aufnahme in die Rekordliste knapp (Mindestpunktezahl Ende 1991, 224 6/8). Die restlichen erlegten Schaufler waren entweder bereits sehr alt und hatten zurückgesetzt oder waren reine Hegeabschüsse. Und hier ein besonders kräftiges Waidmannsdank den Schützen, die ohne mit der Wimper zu zukken auf die Erbeutung einer stärkeren Trophäe verzichtet haben, um die beiden von Brunftkämpfen schwer gezeichneten Hirsche zu erlegen.

Das Revier liegt zwischen dem 63. und 64. Grad nördlicher Breite, gut zwei Flugstunden von der Hauptstadt des Yukons, Whitehorse, entfernt, tief in den Bergen. So ganz ohne Komfort müssen unsere Gäste aber nicht auskommen. Die Camps sind mit stabilen Holzhäusern, Gaslicht, Holzöfen zum Kochen und Heizen sowie Duscheinrichtungen ausgestattet. Einfachere Außenlager – Spycamps – sind Zeltlager, ebenfalls beheizt, mit Gaslicht und dikken Schaumgummimatten zum Schlafen. Für das leibliche Wohl sorge unter anderem ich und freue mich immer wieder, meine Gäste mit Wildspezialitäten sowie frisch gebackenem Brot und Kuchen zu verwöhnen. Abnehmen fällt trotz aller Anstrengungen hier schwer! Funkgeräte in allen Lagern stellen die Verbindung untereinander sowie zur Außenwelt her.

Ja, das Jahr 1991 hat uns viel Erfolg gebracht, unter anderem auch die stärkste, in diesem Jahr im Yukon erbeutete Elchtrophäe sowie Nummer drei bei den Elchen. Bevor ich darüber erzähle, vielleicht noch etwas mehr über das Elchwild, dessen letzte Geheimnisse von den Biologen noch nicht erforscht wurden.

In seinem Verhalten hat der Elch sehr viel Gemeinsames mit unserem Rothirsch. Die meiste Zeit des Jahres ist der Hirsch Einzelgänger, während Tiere und Kälber in kleineren Verbänden zusammenstehen. Das Tier setzt jährlich ein bis zwei Kälber, die erst kurz vor dem Setzen des neuen Kalbes von der Mutter abgeschlagen werden. Bejagt wird in Nordamerika nur der Hirsch, in wenigen Revieren Britisch-Kolumbiens gibt es Ausnahmen für den Abschuß von Kälbern. Besonders während der Wachstumsphase des Geweihes lebt der Hirsch (versteckt und) zurückgezogen, ändert sein Verhalten erst mit beginnender Brunft. Dann wird er laut, aggressiv und begibt sich auf die Suche nach brunftigem Kahlwild. Für drei bis vier Wochen ist er fast ohne Verstand, greift alles an, was sich ihm in den Weg stellt und läßt sich durch gekonntes Rufen über Meilen heranlocken. Wer dieses „Urviech", wie ihn viele österreichische Gäste nennen, einmal in Ruhe beobachten konnte, mit welcher Leichtigkeit, ja Eleganz, er sich fortbewegt, durch Sümpfe und Tundren zieht, in den See taucht, um Wasserpflanzen zu äsen, oder als Monument im Abendlicht auf einem Bergrücken steht und in die Weite sichert – der ist von der absoluten Schönheit und Einmaligkeit, von der Einheit, Wild und Natur, zutiefst berührt.

So groß, unförmig und ungelenk der erste Eindruck sein mag, der Elch versteht es ausgezeichnet, sich lautlos zwischen den dichtesten Bäumen und Büschen zu verbergen, sich hinter einigen wenigen, kümmerlichen Birken- oder Pappelstämmen einzustellen, wie von Geisterhand aufgelöst und verschwunden. Ja, hier ist sein Reich, hierher gehört er – fernab von Menschen, fernab der Zivilisation, mitten hinein in die Wälder hinter den Wäldern, hinein in die Tundra, in unwegsame Gebirgstäler, an versteckte Seen, das ist sein Reich, das Reich der Giganten.

Mit dem 1. August geht die Jagd im Yukon auf. Die ersten Gruppen der Gäste werden in höher gelegenen Lagern untergebracht. Die Jagd auf Dall-Schaf, Karibu, Grisly und Elch wird vorwiegend zu Pferd durchgeführt, da die Entfernungen anders nicht zu bewältigen wären. Mit fortschreitendem Herbst und beginnendem Winter, im hohen Norden des Yukons fällt der erste Schnee in der zweiten Septemberhälfte, verlegen wir unsere Aktivitäten in tiefere Lagen, in Camps, die an Seen und Flußläufen liegen und von wo aus ohne Pferde gejagt werden kann, denn diese sollten bis spätesten Ende September aus den Bergen sein. Auf den Pässen liegt dann schon Schnee, und ein Ritt kann problematisch werden. Drei bis vier Tage dauert der Marsch von Mensch und Pferd hinaus aus den Bergen, zur nächsten Straße, wo ein Tieflader wartet, um die Pferde in ihr Winterquartier auf eine Farm zu bringen.

Die letzten Gäste der Saison 1991 sind am 28. September mit dem Wasserflugzeug ins Basislager am „Paradise Lake" eingeflogen worden. Der Winter hat seine ersten Vorboten bereits gesandt, die Berggipfel leuchten in strahlendem Weiß, im Tal auf etwa 900 m Seehöhe geht das prachtvolle Wetter des Indianersommers langsam dem Ende zu. Noch leuchten Espen und Pappeln in reinem Gold, die Zwergbirken brennen in Rot und Orange, doch die ersten nächtlichen eisigen Stürme nehmen die Pracht mit. Morgens liegt eine Eiskruste auf den Wassereimern, weil nachts die Temperaturen empfindlich unter Null sinken. Doch um die Mittagszeit strahlt die Sonne vom tiefblauen Himmel, die Temperaturen steigen bis auf 20 Plusgrade. Höhepunkt der Elchbrunft!

Zwischendurch jedoch gibt es wieder Tage mit so schlechtem Wetter, daß man zu Hause keinen Hund vor die Türe jagen würde. Der Elch aber, gut isoliert in seiner dicken Decke aus hohlen, luftgefüllten Haaren, scheint dieses Wetter geradezu zu lieben und ist ständig auf der Suche nach einem neuen brunftigen Stück. Also „isolieren" wir uns auch gut, und nichts wie raus, bei Wind und Wetter, tagtäglich, ohne Fleiß kein Preis. Während der Elchbrunft gilt nicht unbedingt die alte Weisheit: „Wenn der Wind jagt, braucht der Jäger nicht zu jagen", der Elch im Norden Kanadas folgt anderen Regeln, und da er sich kein Rudel hält, sondern von Tier zu Tier zieht, werden sich früher oder später unsere Wege kreuzen müssen!

Von den vier angekommenen Gästen bleibt nur einer mit seinem Führer im Hauptlager, die anderen werden zusammen mit ihren Guides ausgeflogen. Unzählige kleine, zum Teil noch namenlose Seen warten darauf, „entdeckt" zu werden. Jedem Gast sein eigener See – so könnte ein Slogan lauten, und um in einem Revier in der Größe von 1,8 Millionen Hektar alle guten Plätze zum Jagen zu kennen, dazu würde ein Menschenleben nicht ausreichen. Aber dies ist ja wiederum das Aufregende, Geheimnisvolle an einer Jagd in kaum berührter Wildnis, das Gefühl, an diesem See vielleicht der allererste Mensch zu sein; in jedem von uns steckt das Abenteuer, der Pioniergeist unserer Ahnen.

Toni 1 bleibt also im Basislager am „Paradise Lake", Toni 2 wird mit seinem Führer Garry an den „Moose Lake" geflogen, Michael und Cody übersiedeln an den „Saw Lake", und Christian wird mit Ed sein Glück an einem See versuchen, den wir „Dancing Bear" (tanzender Bär) taufen, ob die Bären dort auch wirklich Walzer tanzen, wird sich ja herausstellen.

Für Gäste ohne Englischkenntnisse stehe ich natürlich auch als Dolmetscherin zur Verfügung und gehe oft mit hinaus zur Jagd. Da auch ich leidenschaftliche Jägerin bin, sind diese Stunden für mich immer ein besonderes Geschenk. Nach wenigen Tagen sind dann leider die meisten Sprachbarrieren jedoch überwunden! Zeichensprache und im entscheidenden Augenblick ein „monster" oder „nix monster", „shoot" oder „nix shoot", „shit" und „Scheiße" – und alle „Klarheiten" sind restlos beseitigt, mehr ist zur Kommunikation auch nicht nötig! Mit Toni 1 im Basiscamp bin ich fast täglich unterwegs, und wir genießen die Stunden in der Natur. Schon bei der ersten Ausfahrt nach 20 Minuten haben wir einen guten Grisly in Anblick, der genüßlich die letzten Preiselbeeren von den Sträuchern zupft. Aber das Licht ist schon sehr schlecht, die Entfernung zu groß – und vielleicht sollten wir ihn doch noch ein wenig wachsen lassen!

Am nächsten Morgen weckt uns dann Wolfsgeheul, das Rudel begrüßt den aufsteigenden Tag und hat uns den wahren Ruf der Wildnis durch Mark und Bein gehen lassen. Nebelschwaden ziehen über den See, die Loons (Polartaucher) schreien ihren gespenstischen Ruf durch die unendliche Stille des Tales. Eine Stimmung kommt auf, wie man sie sich nur erträumen kann. Hunderte von

Enten und Gänsen rasten auf den Wellen auf ihrer Reise in den Süden, Kraniche fliegen in langen Ketten laut krächzend über das Lager. Alles strebt wärmeren Gefilden zu, nur die Elche und wir, wir lieben das frostige, kalte Wetter (oder was!), der Atem steht uns als Dampfwolke vor Nase und Mund, die Finger sind blau und klamm, der Hintern halb abgefroren... aber schön ist es doch, aber schön ist es doch!

Dann gibt es gleich eine Debatte – der Dolmetscher muß her – um einen starken Schaufler, der jedoch an einem anderen See steht und für uns fast unerreichbar ist. Vor vielen Jahren ist nämlich ein riesiger Waldbrand durch dieses Tal gerast, die verkohlten Stämme liegen teilweise noch stockwerkhoch, kreuz und quer übereinander. Man kann nicht drunter und nicht drüber, dazwischen bodenloser Sumpf, der nicht zu umgehen ist. Natürlich, durchs Spektiv betrachtet ist der Schaufler kapital, aber ob wir je hinkommen, ist eine andere Frage, also verzichten wir auf den Versuch, diesen Elch anzugehen und warten auf einen anderen.

Durch sein naturgetreu nachgeahmtes Rufen lockt LaVerne, der Guide, zwei mittelstarke Hirsche bis auf wenige Meter an unseren versteckten Ansitz heran. Bestens veranlagte Zukunftshirsche, die wir ziehen lassen, viele, viele Fotos schießen und über den erstaunten Gesichtsausdruck der Elche heimlich lachen müssen. Einer kam gar über Kilometer angetrollt, nur um dann herauszufinden, daß hier doch nicht das ersehnte Tier auf ihn wartet. Verwundert hat er sein Haupt geschüttelt, nochmals tief „gegruntet" und ist im Busch verschwunden.

Tags darauf konnten wir zwei „Halbstarke" beobachten, wie sie ihre Kräfte maßen, die Schaufeln erprobten und in lebensbedrohlichen Kämpfen um die vermeintliche Elchdame (LaVerne: „liebeskranke Elchkuh Nummer eins im Yukon") stritten, daß es nur so krachte und im Tal widerhallte.

Toni 1 hat dann an einem anderen kleinen See sein „monster" geschossen, einen schwer geforkelten Schaufler, mit einem Loch im Stirnbein, und war sehr glücklich darüber.

Jeden Abend um 21 Uhr ist, wie bereits erwähnt, Plauderstunde am Funk. Wie ist es den anderen Gästen ergangen, was gibt es Neues in der Stadt, in der großen weiten Welt? Obwohl uns, ehrlich gesagt, letzteres am wenigsten interessiert! Toni 2 hatte auch bereits Waidmannsheil und einen sehr, sehr guten Elch gestreckt. Vor- und Hauptschaufeln sind sehr endenfreudig und eine derart kompakte Einheit, daß sie mich an die Schaufeln eines Baggers erinnern. Welch ein Gewicht hat dieser Hirsch auf seinem Haupt getragen, Jahr für Jahr abgeworfen, wieder neu und noch gewichtiger gebildet! Michael hatte bisher nur Pech: Regen, Schnee, Nebel, Wind, naß und kalt, kein Anblick, dabei ist sein Lager nur eine halbe Flugstunde von uns entfernt. Während wir uns in der Mittagszeit einen Sonnenbrand auf der Nasenspitze holen, steckt er in einer Schlechtwetterfront, die sein Tal nicht verlassen kann. Also werden wir ihn morgen übersiedeln, damit er sein Heil noch an einem anderen See versuchen kann.

Ja, auch hier in Kanada bei der Elchjagd gehört eine große Portion Glück zum Jagen, wie überall auf der Welt. Der Rest ist Können des Guides, ruhige Nerven, gute Kondition und Schußsicherheit des Gastes. Das Land ist unermeßlich groß, die Wilddichte bei weitem geringer als in Europa, das Wetter zu dieser Jahreszeit launenhafter als anderswo. Tagelang kein Wild in Anblick, das kann schon vorkommen, das sind dann die Momente, in denen ich so manchen lieben, schreibenden Kollegen verwünschen möchte, der es so darstellt, als wenn täglich, ja stündlich durch jeden See hier ein passender Elch rinnen würde, die Bären aus Lust am Honig täglich an die Hüttentüre klopfen würden! Auch muß ich oft in solchen Situationen dem einen oder anderen Gast klarmachen, daß er mit der Buchung einer Jagd noch lange keine Trophäe gekauft hat. Was er gebucht und bezahlt hat, ist die Serviceleistung, die wir hier erbringen, und wir geben sicherlich unser Allerallerbestes. Ob Diana, die launische, dann auch noch das passende Stück Wild aufmarschieren läßt, liegt nicht mehr so ganz in unserer Macht.

Michael wird also übersiedelt, und wir wünschen ihm viel, viel

Erfolg an einem See, den wir „Last Chance Lake" nennen (See der letzten Gelegenheit). Nur von Christian und Ed haben wir seit einigen Tagen nichts mehr gehört und werden langsam unruhig. Wenn sie sich bis morgen nicht melden, dann werden wir hinfliegen und sehen, was eigentlich los ist. Dann aber kommt doch der erlösende Funkspruch herein. Es geht ihnen gut, sehr gut sogar: „Wir bitten um ein Maßband!" Hoppala, da steht uns ja eine besonders gute Trophäe ins Haus. Christian will nicht mehr weiter jagen und möchte gerne den Rest seines Aufenthaltes hier bei uns im Hauptcamp verbringen. Wir holen die beiden zu uns und hören dann die voll Begeisterung geschilderte Geschichte seiner Jagd.

Bereits am ersten Abend, bei der ersten Ausfahrt, hat er einen „riesigen" Elch gesehen, so „a Urviech" eben (der Guide meint, daß es sich eher um ein „baby" gehandelt habe). Aber da ja keine Eile mit dem Schießen war, haben sie nur schöne Fotos gemacht und den Anblick genossen. Am nächsten Morgen erstiegen die beiden dann einen kleinen Hügel, von dem aus sie den ganzen See überblicken konnten. Keine Bewegung, kein Anblick, nichts! Mittags, nach einer ausgiebigen „Brotzeit", haben sie sich dann in die Sonne gelegt und ein kleines Nickerchen (powernap – nennen wir das hier) gemacht, von dem Christian als erster aufwachte. Er traut seinen Augen nicht, als er auf der gegenüberliegenden Seeseite das wahre Monster eines Schauflers erblickt. Seinen Guide mit einem unsanften Rippenstoß wecken, das Spektiv aufstellen und schauen, schauen, schauen, ist Handlung von Sekunden. „Hi, that's a good one" (Ha, das ist ein guter) muß dann auch Ed bekennen, macht jedoch keinerlei Anzeichen, sich zu erheben oder zu gehen.

Die Entfernung ist etwa 500 Meter, wahrscheinlich sogar noch mehr, denn man verschätzt sich in dieser glasklaren Luft sehr leicht bei diesen großen Distanzen. Christian wird ungeduldig, packt alle Sachen ein und will nichts wie runter an den See. Ed macht noch immer keinerlei Anstalten zu gehen, und jetzt erkennt der Gast auch den Grund. Der Elch zieht in Richtung Wasser, der Guide will versuchen, seinen Hauptwechsel auszumachen, will abwarten, wo der Schaufler an den See tritt, um zu schöpfen und zu äsen. Von hier oben haben sie freie Sicht, tiefer im Tal stehen die Weiden und Pappeln in dichtem Verband und würden ein Beobachten unmöglich machen, also warten, also Geduld haben! Doch dann ist es endlich soweit. Vorsichtig arbeiten sich die beiden zum Ufer, zum Boot, zurück, prüfen sorgfältig den Wind und setzen dann mit dem Schlauchboot über. Eine kleine Halbinsel bietet dabei Deckung, in einer schmalen Bucht legen sie an, die letzten Meter werden vorsichtig gepürscht. Als Christian dann endlich an einer kleinen, eher dünnen Pappel anstreichen konnte, ist vom Elch nichts mehr zu hören, nichts mehr zu sehen. Enttäuschung will sich breitmachen – doch zu lange gewartet? Aber dann beginnt Ed mit dem Locken und Rufen, und schon nach kurzer Zeit bekommen sie Antwort, hören das erboste Melden („grunten") des Hirsches. Äste krachen, Geweih stößt an Bäume, der Boden erzittert. Dann schimmern die frisch verfegten Schaufeln fast weiß im hellen Sonnenlicht, das Haupt wird über den Weidenbüschen sichtbar, dann schiebt sich endlich der Koloß durch das Gebüsch.

„Shoot", zischt Ed dem Gast zu, und Christian, voll drauf, läßt fliegen. Der Elch bricht auch sofort vorne ein, zeigt also Schußwirkung. Voll Freude reißt der Schütze seine Arme in die Höhe und ruft immer und immer wieder: „Ich hab' den Elch, ich hab' den Elch!" Doch Ed zischt wieder „shoot again", und da erst merkt Christian, daß der schwer getroffene Hirsch nochmals hoch wurde und in großen Fluchten dem Wasser zustrebt. Zweimal noch trifft die Kugel ins Leben, doch zu spät, um zu verhindern, daß der tödlich getroffene Elch ins Wasser geht und darin versinkt. Nur eine Schaufel und ein Stück der mächtigen Keulen schauen noch heraus. Egal, das alles ist jetzt egal, Hauptsache das Wild liegt, das ist letztlich, was zählt. Der Jäger hat seinen Erfolg!

Wir sind hier an den Seen diese „Wasserbullen", wie ich sie nenne, schon so gewöhnt, daß uns nichts mehr erschüttern kann; gut ausgerüstet mit Watstiefeln und Seilen, um das Wild zu bergen, denn von zehn erlegten Elchen verenden sicherlich vier im Wasser.

„Kommen Sie, tauchen Sie Ihren Elch hier bei uns im Yukon!" – wäre auch ein Slogan, den ich gern anbringen möchte. Sei es, daß es einfach nicht anders möglich ist, einen guten Schuß abzugeben, die Ufer sind zum Teil dicht bewachsen, nach wenigen Schritten wäre der Elch auf „Nimmer-Wiedersehen" im Busch verschwunden, oder daß ein tödlich getroffenes Stück Wild unaufhaltsam dem Wasser zustrebt.

Bei der Bootsjagd auf Elche hier in Rogue River gehört ein „waterbull" zum guten Ton!

Nach genauer Vermessung des Geweihes hat sich dann herausgestellt, daß dieser Elch vom „See des tanzenden Bären" nicht nur das Rekordbuch erreicht, sondern mit einer Punktezahl von 256 2/8 der stärkste Elch war, der in der Saison 1991 im Yukon Territory bei einem Outfitter geschossen wurde.

Dann kam auch noch die Erfolgsmeldung von Michael ins Camp, die letzten Tage ihres Jagdaufenthaltes verbrachten die Gäste gemeinsam im Basislager, und das war für alle eine ganz wundervolle Zeit. Hier konnten sie nochmals so richtig in ihren Erlebnissen schwelgen, in Europa trennen sich ihre Wege allzu schnell wieder, und der Alltag holt sie ein.

Fischen auf Hecht und Weißfisch, ansitzen auf Wolf, kartenspielen und essen haben die letzten Stunden dann schnell vergehen lassen. Und dann kam das Wasserflugzeug und hat sie mit ihren Trophäen ausgeflogen, zurück in die Zivilisation gebracht.

Wir von der Mannschaft müssen noch die Lager winterdicht machen, die Hütten säubern, Boote und Motoren verpacken, dann kehrt wieder Ruhe ein im Revier. Die Brunftschaufler haben ihre Rivalität vergessen, stecken ihre Köpfe in die Weiden und äsen sich die Bäuche voll – bis die eisigen Schneestürme kommen, der Hunger kommt und die Wölfe, bis der Kampf ums Leben, ums Überleben, aufs neue beginnt. Aber dies ist der Lauf der Natur, und wir Menschen sollten uns so wenig wie nur irgendwie möglich einmischen, damit wir sie noch lange finden, die starken Elche, im Reich der Giganten!

Bewertungsverfahren des Safari Club International zum Vermessen von Elchgeweihen

Method IX

For scoring Moose.

A. Measure the length of the palms on the under (back) surface in a straight line from the highest notch in the main palm to the lowest notch in the brow palm. A notch is a depression at least ¼" deep in the edge of the palm. Measurement begins and ends at the midpoint of the palm thickness. The line of measurement is permitted to pass over the open bay between the main palm and the brow palm. Keep a tight tape.

B. Measure the width of each main palm on the under (back) surface at the widest part from the inner edge of the main palm to the widest notch on the outer edge. This must be at a right angle to the axis of the main palm. Measurement begins and ends at midpoint of the palm-thickness. Keep a tight tape.

C. Measure the circumference of the burr at the base of the antler, excluding malformations. Form a continuous loop with a tight tape.

D. Count number of points. A point must be at least 1" long and at least as long as its width at its base. Length and width must be measured at the same location, but that may be at any place along length of the projection where length equals or exceeds width.

E. Measure the greatest spread around the basket on the underside (back) of the antlers in the straight line at a right angle to the axis of the skull. Measure from the widest notch in one antler to the widest notch in the other antler, or to a point in line with the widest notch if the notches are not directly opposed. Measurement begins and ends at the mid-point of the palm thickness. Keep a tight tape.

F. Total all scores. Record fractions in ⅛ths.

Zur Bewertung herangezogen werden: Länge der Schaufeln, Breite der Schaufeln, Umfang der Rosenstöcke, Anzahl der Enden sowie Gesamtauslage.
Ein Formblatt verdeutlicht die Auswertung:

Safari Club International
Method IX Entry Form
For scoring Moose.

	Left	Right
A. Length of palm	44 7/8	48 1/8
B. Width of main palm	20 1/8	18
C. Circumference of burr	14.8	15.2/8
D. Total number of points	15	15
E. Greatest spread around rear of antlers	66	
F. Total	256 3/8	

Official Measurer _Larry Hanna_ Signed _____ Date Measured _Oct 13/91_

Animal _Yukon Moose_

Hunter _Christian_
Date Taken _Oct 1/91_   Address
Location _GMZ 4_   City, State
Detail of Location _Yukon Territory_   Zip _____ Phone
Guide _Ed Gamme_   Membership Number
☑ Rifle   ☐ Bow   Chapter Affiliation
☐ Handgun ☐ Muzzleloader ☐ Pickup

Complete this entire form and submit it with entry fee to Safari Club International, 5151 East Broadway, Suite 1680, Tucson, Arizona 85711
Record book fee $15. Medallion fee $20.   17845M

Das tragische Ende eines Filmstars

Mit den Dreharbeiten zu seinem Film „Out of the Eyes" hat Baron Fritz ein großes Projekt begonnen. Ein Naturfilm über Kanada, der dem Betrachter das Land aus der Perspektive verschiedener Menschen näherbringen will, mit den Augen des Jägers, des Fischers, des Urlaubers und des Künstlers. Meine ureigene Perspektive, die der Frau und „Mutter der Kompanie" wird zwar nie verfilmt werden, aber ich werde sicherlich darüber noch mehr schreiben.

Jeder einzelne „Hauptdarsteller" tut natürlich lautstark seine Meinung kund, stellt seine Ansprüche und verlangt eine individuelle Behandlung. Sie alle irgendwie unter einen Hut zu bringen, das ist vor allem meine Aufgabe und keine leichte – Dressurakt in einem Flohzirkus.

Da ich meine neue Heimat sehr viel bereist und mich in meinem neuen Leben zur Allroundkraft entwickelt, erzogen und emporgearbeitet habe, obliegt es mir auch, für die jeweiligen Einstellungen die richtigen, passenden Drehorte vorzuschlagen und dann entsprechend vorzubereiten und auszustatten. Das wiederum macht aus dem Flohzirkus ein Monsterunternehmen. In den riesigen Ländern wie dem Yukon oder Britisch-Kolumbien gerade den richtigen See in der richtigen Herbststimmung bzw. Herbstverfärbung und mit den richtigen Tieren zu finden ist ein Lotteriespiel! Aber ich tue mein Bestes, wie immer, und glaube, mit Stolz sagen zu können, daß mir alles, fast alles, gelungen ist. Ja, bis auf den Tod eines Filmstars und ein paar anderer kleiner „Patzer". Aber der Reihe nach.

Die ersten Sequenzen für den Film – mit den Augen des Fischers – wurden an den weltbekannten Lachsflüssen wie Skeena, Kitimat und Kispiox in Britisch-Kolumbien gedreht. Dazu noch Aufnahmen vom Fliegenfischen an versteckten, verträumten Gebirgsseen – und viel, viel Landschaft!

Der Hauptrun des Königslachses, auch „spring" oder „chinook" genannt, ist Anfang August schon vorbei, und so heißt es: den Lachsen nach, flußaufwärts in die Berge. Am Kitimat finden wir in einigen Tümpeln noch eine Menge gut kämpfender Fische, unternehmen einen Tagesausflug mit dem Schlauchboot und können gute Aufnahmen machen. Aber den ganz großen, dicken Fisch, den bekommen wir nicht an die Angel und nicht vor die Kamera. Unser Hauptlager haben wir auf einem Campingplatz am Kispiox River aufgeschlagen, und auch dort ziehen noch vereinzelt die Königslachse hoch. Siegi, der Profifischer, mit dessen Augen wir nun alle dieses Land zu betrachten versuchen, ist begeistert. Nicht so leider der Meister hinter der Kamera.

Aufnahme, Kispiox, die 1., Ruhe, Kamera läuft – Siegi in voller Ausrüstung mit Watstiefeln und Fliegenrute steigt vorsichtig von der Uferböschung in die Fluten, rutscht aus und fällt fast in den Fluß – fluchen! Kamera stopp, alles aus, alles wieder zurück. Siegi klettert verärgert wieder an Land, entwirrt die Leine, bestückt diese neu mit Fliege Nr. 26 (was immer das auch ist), kämmt sich die Haare frisch, putzt die Sonnenbrille und sucht nach einer neuen Einstiegsstelle in den Fluß.

Der Meister hinter der Kamera brummt unwillig, muß das schwere Gerät samt Stativ einige Meter weitertragen, Wolfi, der Kameraassistent, schleppt die restlichen Utensilien – immer mit einem stillen Lächeln auf den Lippen. Siegi findet eine gute Stelle – aber: „Nein, nein, hier geht es aber nicht, zu viele Büsche im Vordergrund, im Hintergrund die häßliche Schotterbank, das Licht fällt auch zu direkt in den Fluß – nein, nein, so kann ich nicht arbeiten, so kann ich nicht filmen, so hat das alles keinen Sinn", grollt der Meister wieder einmal. Wir kennen das nun schon seit vielen, vielen Tagen und reagieren vorerst gar nicht mehr darauf.

„Ich muß aber hier hinein, hier ist der Tümpel, hier stehen die Fische", kontert der Fischermann! Ich nehme also eine Säge und räume einige Büsche im Vordergrund aus dem Weg, drei Meter weiter nach links, dann ist die Schotterbank auch nicht mehr im Hintergrund, und die Sonne fällt schräger auf die Wellen! Also, warum denn nicht gleich, brumme ich nun, dann setze ich mich ans Ufer und genieße die Sonne auf meinem Rücken, schreibe alle Einstellungen mit, beobachte zwischendurch die Schwalben, wie sie Pfeilen gleich hinter den Mücken herjagen. Ein Weißkopfadler sitzt auf einer alten Pappel am anderen Ufer und beobachtet gelassen unser Treiben. Schwingt sich dann in die unendliche Weite des blauen Himmels – wenn ich doch mitfliegen könnte, nur für ein Weilchen!

Angelparadies Kispiox, traumhafte Idylle zum Urlaubmachen, Ausspannen und die Seele baumeln lassen.

Kispiox 2, die 15. – Siegi klettert wieder einmal in den Fluß, schafft es diesmal ohne Ausrutscher, watet vorsichtig an den Rand des Pools, und kurz darauf läßt er die Fliege über das Wasser tanzen, daß es nur so eine Freude ist. Das sehe sogar ich als Anglerlaie, daß hier ein Meister am Werk ist. Aber nach drei, vier Würfen kommt wieder ein „Aus, stopp" des Meisters. „So kann ich nicht arbeiten, so kann ich nicht filmen, so hat das alles keinen Sinn. Du wirfst ja die Leine ständig aus dem Bild, wie soll ich denn da den Fisch aufnehmen, wenn einer anbeißt?" Der Meister ist wieder einmal gar nicht zufrieden. „Ich habe kein Schnittmaterial, keine Übergänge, so kann ich nicht filmen, so kann ich nicht arbeiten", und rauft sich Haar und Bart und wischt sich den Schweiß aus der Stirn, wird ungehalten mit dem jungen Assistenten, der nicht schnell genug alle Moskitos verscheucht oder erschlägt, die wagen, den Meister zu belästigen. Aber auch Siegis Miene verliert etwas an Gelassenheit. Er steigt wieder einmal aus den Fluten, schwitzt auch vom Nabel aufwärts, ist jedoch blau gefroren und ein Eiszapfen vom Nabel abwärts. Das Wetter ist einer jener strahlenden, heißen Augusttage in B. C., mit 30 Plusgraden im Schatten, kein Windhauch regt sich, aber das stundenlange Stehen und Waten im eiskalten Gebirgsfluß unterkühlt doch ganz gehörig.

Der Meister braucht seinen Kaffee, muß eine Zigarettenpause machen, muß sich erholen, ist erschöpft! Siegi versucht zu erklären, daß man vielleicht vorher alle Einstellungen mit Auswerfen und Drillen drehen soll – „Mensch, ich weiß doch nicht, ob, wann und wo ein Fisch beißt, und wohin mich der Drill dann bringen wird, aber vor allem muß ich erst einen Fisch an der Angel haben!" – „Wer macht den Film, Du oder ich?" Diese Debatte kennen wir auch schon, außerdem sind die Schatten mittlerweile ohnehin noch zu scharf, die Sonne überblendet zu sehr. „Alles Mist, so kann ich nicht filmen, so kann ich nicht arbeiten!"

Siegi schüttelt sein Haupt, nimmt dann die Angel wieder auf und steigt neuerlich ins kalte Wasser, aber kein Fisch beißt, es ist wie verhext an diesem herrlichen Nachmittag. Die einzige, die den Tag und das herrliche Wetter genießt, bin anscheinend ich. Mich stört die „überblendende" Sonne gar nicht, ich genieße die Stille am Fluß – soweit es eben still ist bei all diesen Debatten!

Auch die Moskitos können meinen Seelenfrieden nicht erschüttern, sie gehören eben einfach dazu, und wenn man sich mit dem Übel im Paradies abfindet, abgefunden hat wie ich, dann ist die Welt in Ordnung.

Der Nachmittag verstreicht, die Sonne wandert langsam hinter die Berge, die Schatten werden nun länger, das Licht unbeschreiblich weich und schön, jetzt möchte der Meister seinen Film machen, jetzt würde er herrliche Aufnahmen bekommen, aber jetzt mag der Fischer nicht mehr so recht, hat eiskalte Zehen, halblahme Arme und so überhaupt keinen „Bock" mehr. Bläuliche Schatten spielen zwischen den Büschen, verlieren sich in den Wellen, der Weißkopfadler ist auf seinen Aussichtsbaum zurückgekehrt, die Schwalben flitzen nach wie vor über die Wellen. Super, einfach super ist die Idylle.

Und endlich sind sie sich doch einig, die beiden Meister, und es werden wunderbare Aufnahmen und Einstellungen gedreht – aber der dicke Fisch beißt nicht an, kommt nicht aufs Bild! Schade, sehr schade.

Kispiox 2, die 40. – oder so –, wieder ein netter Kampf mit einem Lachs, nach wenigen Minuten befreit er sich aber vom Haken und geht mit der Strömung ab, wieder nichts im Kasten – die Mücken sind nicht mehr zum Aushalten, die Sonne verschwindet zeitweise hinter den Bäumen, die Schatten werden zu lang – „so kann ich nicht arbeiten", „so kann ich nicht filmen", „das hat alles keinen Sinn", „aus und Schluß für heute"! Innerlich seufze ich erleichtert auf, endlich hat das Gejammere ein Ende für diesen Tag, der doch so unbeschreiblich schön ist. – Wann, wann ist er denn endlich einmal zufrieden, dieser Mensch, ich kann mich nur wundern. Nicht nur, daß er sich selber alles viel schwerer macht, er vermiest auch uns vom Team die Laune.

Der Abend wird herrlich, die Luft mild und prickelnd, die Sonne steht noch verhältnismäßig hoch am Himmel, es wird nur für kurze Zeit richtig dunkel, so hoch im Norden von B. C. zu dieser Jahreszeit. Auch schwimmen nicht nur Rekordlachse im Fluß, und was ein richtiger Fischer ist, der freut sich vor allem an einem guten, harten Drill, egal ob der Fisch zehn Zentimeter länger oder kürzer ist, oder?

Wolfi und ich packen die Utensilien in das Auto, die Fahrt zurück zum Campingplatz verläuft in eher gedrückter Stimmung. Das herrliche Wetter lädt jedoch zum Grillen ein, schnell brennt ein lustiges Feuer, und als die Glut zusammenfällt, lege ich Fische und Koteletts auf. Der volle Magen beruhigt die Gemüter dann schnell wieder, der Meister ist müde und will früh zu Bett, der Assistent muß noch stundenlang die Linsen und Kameras putzen. Die wunderbare Abendstimmung, die Königslachse, die doch noch im Fluß sind, das alles läßt Siegi natürlich nicht ruhen – und mich auch nicht –, so beschließen wir, beide nochmals loszufahren. Etwas abseits der Straße weiß ich eine ausgezeichnete Stelle, dort werden die Lachse, die Siegi nicht landen konnte, vielleicht eine Rast für diese Nacht einlegen, und wir können unser Glück nochmals versuchen. Wir müssen über Privatland, aber ich kenne das nette Farmerehepaar schon von früher, und bald stehen wir fernab der

Straße, fernab der Zivilisation am Ufer dieses herrlichen Flusses, allein! Auch hier sitzt ein Weißkopfadler auf einem riesigen, abgestorbenen Cottenwood-Baum und beäugt uns Eindringlinge skeptisch, streicht jedoch nicht ab. Ein Biber zieht seine Runden zwischen unserem Gumpen und seiner Burg, auch er hat keine Freude an unserer Anwesenheit – der Mensch stört hier wirklich noch sehr die Harmonie in der Natur.

Aber wir lassen uns nicht aufhalten, nicht vermiesen, blinkern munter vom Ufer aus, und schon nach kurzer Zeit hat Siegi seinen ersten Biß. Der Drill läßt jedes Anglerherz höher, ja Purzelbäume schlagen, vorsichtig hebt er seinen Lachs aus dem Wasser, entfernt mit großem Geschick den Haken und setzt ihn wieder zurück in sein Element. Und weiter wird „geblinkert", die Sonne wandert nun doch schon sehr tief, Alpenglühen auf den ewig verschneiten Gipfeln, zu den Mücken und „blackflies" gesellen sich nun auch noch die sogenannten „ney-see-ums" (man sieht sie nicht). Ja, man sieht sie wirklich fast nicht, diese Biester, aber um so mehr kann man sie spüren, denn sie beißen ganz furchtbar und machen auch vor Nasenlöchern und Ohren nicht halt.

Im Westen eine immer fahler werdende Sonne, im Osten ein riesengroßer, leuchtender Mond. Beide Planeten stehen nahe zusammen am Himmel, ziehen langsam ihre Bahnen, einer kann ohne den anderen nicht sein. So gegen 11 Uhr abends dann landet Siegi einen Rekordlachs. 20 bis 25 Kilogramm, grob geschätzt, er ist im Fischerhimmel! Ich hole schnell meine Leine ein, denn der Kampf geht am Ufer rauf und runter, rauf und runter. Der Fisch springt und dreht sich, kämpft verbissen, da ist Kraft und Ausdauer dahinter. Nach einer knappen halben Stunde geht Siegi dann als Sieger hervor und holt sein Monster vorsichtig aus dem Wasser. Was für ein Fisch!

„Was soll ich denn machen, so ein Monster müßten wir auf dem Film haben, soll ich ihn wirklich wieder schwimmen lassen?" fragt er mich ein ums andere Mal. Ich weiß es ja auch nicht. „Laß uns vor allem viele Fotos machen." Aber die Kameras liegen im Auto, also nichts wie hin. Ich renne, stolpere die gut 500 Meter in der Dämmerung zurück. Wenn nur jetzt der Meister Petz nicht sein Abendessen aus dem Fluß holen will. Ich muß durch zwei Weidezäune klettern, dickes, schwarzes Fell hängt am Stacheldraht – da hat er also seinen Paß. Hoffentlich sind wir laut genug, daß er sich noch nicht von seinem Lager erhebt!

Die beiden Fotoapparate genommen und wieder zurück zum Ufer. Bilder von links, von rechts, von oben und von unten, mit Alpenglühen im Hintergrund, mit Büschen im Hintergrund, mit Fluß im Hintergrund. Zwischendurch taucht Siegi unseren Star dann immer wieder zurück ins Wasser, damit er uns nicht unter den Händen wegstirbt. Und immer wieder die Frage, was sollen wir machen, mit diesem herrlichen Fisch, den wir sooo dringend im Film brauchen würden? Ja, so ein Fisch, so ein herrlicher Fisch, warum gerade jetzt, wo es zum Filmen zu dunkel ist, der Meister sowieso nicht mitgekommen war, aber so ist eben die Natur, die fragt nicht nach Uhr oder Filmteam, nach Blende oder Einstellung. „Was soll ich denn machen, soll ich ihn denn wirklich wieder auslassen?" – Und dann treffe ich eine Entscheidung, die ich heute noch bereue. „Nein, laß ihn bitte nicht aus, laß uns versuchen, den Fisch zum Campingplatz zu bringen. Du weißt ja, dort im Fluß sind einige tiefe, ruhige Stellen, vielleicht können wir dort einen Damm bauen und den Fisch bis morgen am Leben erhalten. Meinst du, daß das gehen kann?" Wir wissen es beide nicht, aber wollen es doch wenigstens versuchen.

Und dann startet eine Hektik, die ihresgleichen suchen muß. Siegi nimmt den Fisch auf den Arm wie ein Baby, rennt los in Richtung Auto. Ich mit den beiden Angeln, den Angelkästen, unseren Jacken und Fotoapparaten hinterher. 500 Meter können eine lange Strecke werden! Zwei Weidezäune sind wieder zu durchklettern – dann, kurz vor dem zweiten Zaun entdecken wir am Wegrand einen kleinen Tümpel, und wir können unseren Star wieder für einige Zeit zurück ins Wasser setzen. Er erholt sich auch rasch, aber Eile ist geboten. „Schnell, schnell, such etwas, wo wir den

Fisch hineingeben können", sagt Siegi, und ich mache mich verzweifelt auf die Suche nach einem Behälter oder Eimer im Auto, nichts, da finde ich dann zwei große schwarze Abfallsäcke aus Plastik. Die kann ich ineinanderstecken, mit Wasser halb anfüllen! Und so wird es auch gemacht. Vorsichtig stecken wir dann unseren Star kopfunter in diese „Badewanne", nun müssen wir noch den schweren Fisch-Wasser-Sack durch einen Weidezaun heben. Natürlich bleiben wir am Stacheldraht hängen und wie aus einem Brausekopf sprüht das Wasser aus den Säcken, das können wir aber nun auch nicht mehr ändern, die Zeit läuft uns ohnehin schon davon. Das Auto habe ich bereits so geparkt, daß Siegi nun auf den Rücksitz klettern kann, dann heben, zerren und stoßen wir den schweren Sack auf seinen Schoß. Da sitzt er nun mit seinem Monsterfisch im Wasserbett!

Ab mit Vollgas – holper-di-polter geht es über die abgeernteten Felder, durch einen kleinen Bach, dann versperrt der schwere Weidezaun aus Baumstämmen und Stacheldraht neuerlich unseren Weg. Alleine habe ich es noch nie geschafft, den Zaun auf- und wieder zuzumachen, aber Siegi kann sein „Baby" nicht auslassen, also muß es alleine gehen. Alle Kraft zusammen nehmen, die Zähne aufeinander beißen und hauruck – offen ist das Tor, schnell durchfahren, dann wieder schließen, damit die Kühe nicht auf Wanderschaft gehen können. Ich zerreiße mir die Hose, die Jacke am Stacheldraht, drei Finger an der linken Hand mit dazu. Blut fließt, aber jetzt ist keine Zeit zu jammern, es geht schließlich um Leben oder Tod des Stars! Über den Feldweg, zurück auf die Forststraße, 1., 2., 3. Gang, mehr ist nicht möglich, der Schotter fliegt, eine riesige Staubwolke steigt hinter uns auf. 15 Kilometer sind es bis zum Campingplatz, hoffentlich schaffen wir es rechtzeitig.

Zweimal driften wir etwas schräg durch die Kurven, denn bei diesem Tempo fliegt der lose Schotter am Straßenrand nur so unter den Rädern weg. Siegi schüttelt und rüttelt es, das Wasser spritzt nun nicht nur aus den kleinen Löchern, es schwappt auch oben heraus, alles stinkt nach Fisch, unsere Kleider, wir, das Auto, einfach alles! Egal, wenn wir nur das Prachtexemplar gut nach Hause bringen und morgen einige Meter Film in den Kasten bekommen. Voll auf die Bremse, die Scheinwerfer voll aufdrehen, eine Herde Kühe kommt uns auf der Straße entgegen, also die Scheinwerfer wieder ganz abdrehen, damit ich sie nicht blende, 1. Gang, langsam, langsam, muh, muuh, muuuh, dann sind wir durch, und weiter geht die rasende Fahrt. Da kommt auch schon die schmale Brücke, rechts abbiegen und dann noch 2 Kilometer, dann haben wir es geschafft. Am Straßenrand sitzt da Familie Fuchs, die wir seit Tagen anfüttern und filmen wollen – na ja, typisch, alles passiert immer dann, wenn man keine Bilder machen kann. Aber das ist uns jetzt auch nicht so wichtig.

Da ist schon die Einfahrt zum Campingplatz, quer durch die Büsche und über die Wiesen, ganz, ganz nahe ans Flußufer fahre ich meine kostbare Fracht. Vorsichtig arbeitet sich Siegi mit seiner wertvollen Ladung aus dem Auto, pitschnaß und duftend wie unser Rekordfisch, vorsichtig hieven wir den Sack mit dem Lachs heraus und rutschen die letzten Meter die steile Böschung zum Fluß hinunter. Hier haben sich einige abgestorbene Baumstämme zu einem natürlichen Damm zusammengefügt.

Mit einigen Steinen können wir die letzten Löcher noch verschließen, dann lassen wir unseren Filmstar aus den Müllsäcken zurück in sein Element gleiten. Er rührt sich nicht, erschöpft wie auch wir, liegt er im Wasser. Es ist einfach schon zu dunkel, um zu erkennen, was wirklich mit ihm los ist. Aber da wir heute ja sowieso nichts mehr unternehmen können, lassen wir ihn in Frieden. Eine heiße Dusche, um den Fischgeruch abzuschrubben, ein kühles Bier und eine gemütliche Plauderstunde unter den tanzenden Nordlichtern, das haben wir beide uns verdient. Leise plätschert der Kispiox River sein Schlummerlied zu unseren Füßen, die Köpfe weit in den Nacken gelegt, beobachten wir die tanzenden, kreisenden und ziehenden giftgrünen Schleier des ersten Nordlichtes dieser Saison. Siegi zieht noch einige Runden, um seine geliebten Nachtfalter zu sammeln; ich würde es ihm ja so sehr wünschen, daß er doch noch eine unbekannte Motte entdeckt! Dann rollen wir uns in die Betten.

Aber ich finde keine Ruhe, immer und immer wieder überlege ich, welch einen Schildbürgerstreich ich eigentlich hier angezettelt habe und ob es wirklich schlau war, dieses Unternehmen „Filmstar". Der Meister wollte nicht einmal ein müdes Auge riskieren und hat sich schlicht geweigert, aus seinen Daunen zu kommen. Wozu dann der ganze Aufwand, wenn ohnehin keiner echtes Interesse zeigt? Aber Siegi, der wahre Experte, hat selbst tüchtig mitgeholfen, und wenn wir morgen nur ein paar Meter Film drehen können, dann war es alles wert! Das erste Morgenlicht findet mich schon unten am Fluß – Krähen zetern in den Weiden und Pappeln, o je, die haben den Braten sicherlich schon gerochen! Schnell klettere ich die wenigen Meter durch die Büsche bis zum Wasser – ist der Bär auch schon da? Nein, Gott sei Dank nicht. Aber o je, o weh, unser Filmstar liegt regungslos im Wasser, den hellen Bauch leicht nach oben gedreht, keine Flosse bewegt sich. Also doch ein dummer Schildbürgerstreich und alles umsonst. Nein, nicht ganz umsonst. Nochmals werden viele Fotos gemacht, dann drehen wir einige Einstellungen, wie ich den Fisch vermesse und wiege, wie ich ihm die Haut abziehe, damit diese dann in Europa zum Präparator gebracht werden kann. Der Fisch wird filetiert, eingepökelt und zum Kalträuchern vorbereitet. So sieht der zukünftige Gast wenigstens gleich, wie wir seine Beute behandeln und verwerten.

Lange verfolgen mich diese toten Fischaugen noch! Leidet ein Fisch eigentlich weniger als andere Tiere, weil er kaltes Blut hat, oder glauben nur wir dies, weil er keinen Ton von sich gibt, stumm und lautlos leidet. Wahrscheinlich ist er schon auf der Autofahrt an einem Herzversagen gestorben oder an seinem eigenen Gewicht erstickt. Genau werde ich das nicht erfahren. Aber dann siegt doch die Vernunft. Der Lachs zieht ja hierher, Tausende Kilometer, um zu Laichen und dann ohnehin einzugehen. Dieses Königslachsmännchen hat durch mich halt ein früheres Ende erlitten, ich kann es nicht ändern. Jeder Fischer, der seinen Fisch behält, erschlägt ihn ja auch ... und die Filets, in der Pfanne gebraten, haben uns dann vorzüglich gemundet, ebenso die geräucherten Stücke, die uns noch lange als Reiseproviant dienten.

Als dieser Teil des Filmes dann abgedreht war, sind wir alle auf dem Cassiar Highway in den Yukon gefahren. Eine wildromantische, zum Teil noch sehr abenteuerliche Fahrt durch einsame Bergstrecken, auf unbefestigten Schotterstaßen. Romantik auf jedem Meter. Doch auch hier gab es nur wenige Augenblicke, in denen unser Meister voll und ganz zufrieden war. Und als an meinem Auto dann auch noch die Bremsleitungen den Geist aufgaben und „Mann" auf mich Rücksicht nehmen mußte, da sank seine Laune unter den Gefrierpunkt. Gott sei Lob vergingen auch diese Tage. Ein Star wurde nicht aus mir, denn ich fand keinen Spaß daran, stundenlang im kalten Wasser zu stehen und so zu tun, als ob ich vom Fischen eine Ahnung habe.

Wenn ich mir ein Abendessen aus dem See oder Fluß hole, dann macht mir das wirklich Spaß, denn ich habe Hunger, sonst lasse ich es bleiben. Als Touristin 45 mal denselben Berghang in einer Affenhitze hinaufzuwandern, wieder zurück, nochmals von vorne, bis ich jedes einzelne Graserl und Blatterl auswendig kenne, das macht mir genausowenig Freude – also ist es nichts geworden mit Heide – dem Star! Ich weiß zwar, daß vor der Kamera, im Film dann alles wunderbar und perfekt ausschauen wird, aber die Kleinarbeit, das stundenlange Ausprobieren und Manipulieren, das ist nichts für mich. Da nehme ich lieber einen Eimer und bringe in zwei Stunden so viele Heidelbeeren nach Hause, daß wir alle ordentlich in diesen Leckerbissen schlemmen können, oder ich suche mir Pilze für eine Soße und überlaß die Kunst des Filmens anderen. Meine Stärke liegt da schon mehr im Kochen und Schreiben, so glaube ich, und dabei bleibe ich!

Last not least!

Ja, lieber Leser, das war nur ein kleiner Einblick in mein neues, aufregendes Leben. Über das stille, das geheimnisvolle Dasein, das ich führe, wenn ich allein und ohne Gäste bin, fernab der Zivilisation, wenn sich mein Tagesablauf nach den Gestirnen und Jahreszeiten richten kann, nicht nach Terminkalender und Flugplänen, werde ich ein andermal erzählen.

Wildnis um mich, aber auch Wildnis in mir. Manches Mal meine ich, selbst diese Wildnis zu sein, mit all den noch nicht entdeckten und erprobten Kräften und Gaben. Noch kenne ich meine obersten Grenzen nicht, noch bin ich auf dem Weg durch eine Wildnis, um zu mir selbst zu finden. Alles abzuschütteln, was die sogenannte Erziehung mir auferlegt hat – zurück zur Wurzel, zu einem natürlicheren Dasein. Zu einem Leben mit, in und von der Natur.

Natur und Wildnis sind nicht zufällig, nicht Unordnung, hier herrschen strengere Gesetze, herrscht mehr Ordnung als in einem Aktenschrank einer Kanzlei. Hier kann ein Fehler der letzte sein, weil er unweigerlich tödlich ist. Hier spürt man die Nähe des Todes, aber auch das Leben mehr als sonstwo auf der Welt. Wachbleiben und bewußt die Harmonie der göttlichen Ordnung und Gesetze in der Natur, in der Wildnis, zu erleben, sich nicht einlullen lassen von all den Dingen des Wohlstandes, die wir glauben, unbedingt haben zu müssen, aber gar nicht brauchen. Das ist eines meiner Ziele.

Mich nicht auf andere zu verlassen, allein meinen Weg zu gehen und mit den Schwierigkeiten fertig zu werden, ist ein anderes. Nie habe ich mich verlassener und einsamer gefühlt, als unter all den Menschen in der Großstadt, wenn alle reden, reden und doch nichts sagen – hier in der Wildnis will ich wieder lernen zu hören, die Sprache der Natur zu verstehen. Ich höre das Lied der Wälder, heiter und lustig bei leichtem, lauen Sommerwind, schwermütig und melancholisch bei Regen und Schnee. Ich höre das Lied des Wassers, wenn es mit den Steinen singt, über die es munter fließt, und ich verstehe die Steine in ihrer leise rollenden Antwort. Ich spüre die Sprache des schlanken Fisches, der sich mühelos gegen die Strömung fortbewegt. Ich höre das Summen der Gräser und Blüten, das Lachen der Schmetterlinge wieder – ich lebe!

Wildnis, ja ich selbst bin Wildnis, mein Geist schwingt sich auf mit den und zu den Gipfeln und Graten der Berge, mein Herz ist groß und weit und warm, wie das namenlose Tal zwischen den Bergen im Sonnenschein. Mein Blut rauscht, und die Energieströme fließen stark und unermüdlich wie der Strom – der Yukon –, der diesem Land seinen Namen gibt – ich bin wieder!

Mut, Wille und Ausdauer sind unbeugsam und zäh, wie die Zwergkiefern, -birken und Sträucher, die die unendliche Weite der Tundra bedecken – ich werde es schaffen!

Und dann legt Twilacum, die alte Indianerin, ihre verarbeiteten Hände mit den krummgezogenen Fingern auf meinen Kopf und schaut mir lange und ernst in die Augen, bis in die Seele, und ihr zahnloser Mund sagt mir: „You are an old, old soul, Heide, you have been on this earth so many, many times!" (Du bist eine alte, alte Seele, Heide, du warst schon viele, viele Male auf dieser Erde.)

Wer weiß, vielleicht hat sie recht. Wenn ich selbst auch nicht an Reinkarnation glaube, sollte es diese doch geben, dann würde ich mir wieder und wieder wünschen, hierher zurückkehren zu dürfen. Zurück vor allem in den Yukon – „Yukon, the magic and the mystery" – dem Land voll Zauber und Geheimnissen!

Wird mich mein Schicksal auch immer wieder aus dieser Landschaft herausführen, so ist sie doch unauslöschlich in mir, die Landschaft, die Natur, die Wildnis des nördlichen Kanadas – das bin ich.

Zwei- und Vierbeiner rund ums Camp

Schwarzbär – Blackbear – Ursus americanus

Der Schwarzbär, von den Trappern und Indianern im Norden Kanadas auch Baribal genannt, zählt wohl mit zu den beliebtesten und meist ersehnten Jagdbeuten des amerikanischen Kontinents. Besonders die Decke des Frühjahrsbären ist von einmaliger Dichte und Schönheit. Eine breite Farbskala vom tiefen Schwarz bis zu einem Honiggelb ist möglich. Die fast weißen „Kermodi", die in einer Ecke unseres Reviers in Britisch-Kolumbien leben, sind jedoch so streng geschützt wie die blauen Gletscherbären von Alaska. Besonders begehrt ist der „Cinnamon", der zimtbraune bis mahagonirote Bär.

Der Schwarzbär lebt als Einzelgänger, die Bärinnen werden in einem Alter von drei bis vier Jahren geschlechtsreif, die männlichen Bären etwas später. Die Bärzeit ist im Juni/Juli. Das Paar bleibt für kurze Zeit zusammen, dann zieht jeder wieder seiner eigenen Wege. Eine Bärin kann während ihrer Hitze von mehreren Bären belegt werden. Nach einer Eiruhe beginnt der Fötus erst im Winter, wenn die Bärin wohlgenährt und gesund in die Höhle geht, zu wachsen. Das Nest ist mit Ästen, Moos und Gräsern ausgepolstert, der Höhleneingang so angelegt, daß Schmelzwasser nicht eindringen kann. Im Februar/März werden ein bis drei Junge gebracht, sie sind nackt und blind und nicht größer als junge Katzen. Da die Milch der Bärin zu 30 Prozent aus Fett besteht, entwickeln sie sich jedoch sehr rasch.

Wenn der Bär im Frühling seine Höhle verläßt, hat er rund ein Drittel seines Körpergewichtes abgebaut und ist daher unermüdlich auf Nahrungssuche. Südseitige sonnige Hänge, die die ersten grünen aperen Flecken zeigen, sind bevorzugte Plätze. Löwenzahn, Schachtelhalm und die jungen Triebe des Weidenröschens (fireweeds) werden besonders gerne genommen, aber auch Insekten aus vermoderten Baumstämmen sowie Ameisen. An diesen liebt er besonders die in ihnen enthaltene Säure, auf die er geradezu süchtig ist. Sehr geschickt geht er dabei vor – steckt seine Prante in den Ameisenhaufen, wartet, bis eine Menge der emsigen Tierchen daran herumklettern und schleckt diese dann genußvoll mit der Zunge ab.

Die Durchschnittsgröße eines ausgewachsenen Schwarzbären liegt zwischen 1,5 und 2 Meter, das Gewicht zwischen 90 und 180 Kilogramm, seine Lebenserwartung zwischen 20 und 30 Jahren.

Sein Gebiß mit 36 bis 40 Zähnen weist ihn als Allesfresser aus, der jedoch hauptsächlich von pflanzlicher Nahrung lebt. Da er jedoch keinen Magen zum Wiederkauen hat, muß er entsprechend viel und vor allem proteinhaltige Nahrung zu sich nehmen. Daher wandert er im Frühling mit der Schneegrenze hinauf in die Berge, um dort die zartesten, jüngsten Triebe zu äsen.

Wie Brehm schon feststellte: „Des Bären Tun und Lassen ist infolge seines starken Mißtrauens unberechenbar, daher ist eine Jagd auf ihn immer mit besonders großer Vorsicht durchzuführen."

Sowohl im Yukon als auch in Britisch-Kolumbien ist das Anludern von Bären gesetzlich verboten, im Gegensatz zu den östlichen Bundesstaaten Kanadas. Die Jagd wird daher vor allem durch die Pürsch ermöglicht.

Der Schwarzbär hält einen richtigen Winterschlaf – keine Ruhe wie etwa der Grisly –, wobei Körpertemperatur und Kreislauf auf ein Minimum reduziert werden, eine Unterbrechung dieses Schlafes kann sich tödlich auswirken. Der Schwarzbär hat sich eher mit der Anwesenheit der Menschen in seiner Umwelt abgefunden und bald entdeckt, wie leicht und einfach man auf Müllhalden und in Mülleimern Nahrung finden kann. Nicht selten kommt es vor, daß er besonders in den stark frequentierten Naturschutzgebieten zum regelrechten „panhandler" (Bettler) wird, was jedoch meistens tödliche Folgen für ihn hat! Bärinnen (saw) verteidigen ihre Jungen (cubs) bis zum letzten Atemzug. Besondere Gefahr droht ihnen von den alten männlichen Bären (boar), die mit Vorliebe ihre eigenen Nachkommen verspeisen würden.

Je nach Biotop und Äsungsangebot kann das Revier eines Bären zwischen 5 und 20 Quadratkilometer groß sein und wird von dem jeweiligen Inhaber rigoros verteidigt.

Grisly – Ursus arctos horribilis

Er ist der uneingeschränkte Herrscher der weiten, einsamen Wälder und Gebirgszüge in Nordamerika, und ihn zu erbeuten gilt als das Höchste, was die Jagd zu bieten hat. Mit einer Größe von bis zu 3 Meter und einem Gewicht bis zu 600 Kilogramm hat er keinen Feind außer den Menschen zu fürchten und wird nur von den Küstenbraunbären – Kodiaks – übertroffen. Baseballgroße Kaumuskeln bewirken, daß er selbst Oberschenkelknochen von Elchen mit einem Biß zerteilen kann. Der für ihn typische Schulterhöcker ist ein reines Muskelpaket und macht die Vorderpranken zu tödlichen Werkzeugen. Mit einem Schlag zertrümmert er den Schädel eines Rindes, als ob dieser ein Tischtennisball wäre. Seine langen, nicht einziehbaren Krallen werden bis zu 15 Zentimeter lang, nützen sich jedoch während der sommerlichen Grabarbeiten stark ab. Neben all dieser unheimlichen Kraft und Masse erstaunt es, wie vorsichtig und zart er mit seinen Krallen z. B. das beste Filet aus einem Fisch schält oder eine Handvoll Beeren zu sich nimmt. Wie der Schwarzbär ist er ein Allesfresser, der überwiegend von pflanzlicher Kost lebt.

Die Bärinnen werden in einem Alter von drei bis vier Jahren geschlechtsreif, die männlichen Stücke mit sechs Jahren. Auch die Ranzzeit der Grislys fällt in den Frühsommer Juni–Juli. Die Bärin hat eine Eiruhe, und nur wenn sie sich wohlgenährt in die Höhle einschlägt, beginnt der Embryo zu wachsen. Bei der Geburt wiegen die Jungen um 300 Gramm und müssen in nur sieben Monaten das 100fache ihres Geburtsgewichtes zulegen. Sie sollten zwischen 30 und 40 Kilogramm wiegen, wenn sie im Herbst in die Höhle gehen. Die Mutter nährt die Jungen zwei Jahre lang, auch ihre Milch hat bis zu 30 Prozent Fett, und erst wenn die Jungen drei Jahre alt sind, ist die Bärin wieder bereit für eine neue Paarung. Dies und die hohe Sterblichkeitsrate unter den weiblichen Jungbären ist mit ein Grund, daß der Grisly mehr und mehr geschont wird. Es ist zwar gesetzlich streng verboten, führende Bärinnen oder Jungbären aus einem Familienverband zu schießen – aber Unfälle sind auch hier nicht vermeidbar. Dazu kommt noch, daß der Grisly ein ausgesprochener Kulturflüchter ist und sein Lebensraum immer mehr eingeengt wird. Es hat sich gezeigt, daß ein Grisly, selbst wenn man sein Äsungs- und Ruhegebiet unangetastet läßt, aber durch eine tote Ecke seines Reviers eine Straße baut, er auf Nimmerwiedersehen verschwindet.

Die Farbe des Grislys variiert vom tiefen Schwarz bis hin zum Honiggelb, eine Decke mit „silvertip" ist eine besonders begehrte Trophäe.

Es gibt jede Menge Anregungen und Anweisungen über das Verhalten bei einer Begegnung mit Bären. Soll man sich bei einer zu nahen Begegnung mit einem Schwarzbären totstellen, so empfiehlt es sich bei einem Grisly, langsam aus dessen Bannmeile zu gehen, seitwärts im Busch zu verschwinden und dabei immer ruhig, beruhigend, auf das Tier einzureden – ob deutsch, englisch oder spanisch soll keine große Rolle spielen. Nie jedoch schreien und laufen! „Mittel" wie knallgelbe, selbstöffnende Regenschirme, die man den Bären vors Gesicht hält, oder eine Spraydose mit Cajenne-Pfeffer gefüllt sind neuerdings auf dem Markt, doch wird hier keine Garantie gegeben.

Das alles ist zunächst Theorie, aber es ist unbedingt notwendig, auf das Schlimmste gefaßt zu sein, wenn man auf Grisly-Jagd geht. Ein altes indianisches Sprichwort sagt: „A pine needle fell in the forest. The eagle saw it fall. The deer heard it. The bear smelled it." (Eine Föhrennadel fiel im Wald. Der Adler hat es gesehen. Das Reh hat es gehört. Der Bär hat es gerochen.) Der Geruchssinn eines Grislys sei noch hundertmal besser als der eines Englischen Bluthundes; über Meilen und Meilen windet der Bär ein Aas, und alles, was sich in seinen Weg stellt, wird einfach überlaufen und auf die Seite geräumt, selbst elektrische Zäune halten ihn nicht ab, an eine angestrebte Futterquelle zu kommen.

Das Gedächtnis des Grislys soll enorm sein, über Jahre und Jahre kennt er seine Pfade zu den jahreszeitlich besten Futterplätzen, ist daher vor allem dämmerungs- und nachtaktiv. Verbindet aber auch, einmal mit menschlichen Wesen in Berührung gekommen, diese entweder als Feinde – falls bei Jagd beschossen – oder als leichte, einfache Futterquelle, wenn er an deren Vorräte oder Proviant gelangen konnte. Wiederholungstäter, die immer und immer wieder an die Campingplätze und deren Mülldeponien herankommen, werden entweder ausgeflogen oder müssen geschossen werden. Diese Gefahr besteht besonders in den Naturschutzparks der Vereinigten Staaten.

„Unsere" Bären in freier Wildbahn, Hunderte von Meilen fern ab von jeder menschlichen Ansiedlung, verhalten sich da noch ursprünglicher. Wittern sie einen Menschen, dann bringen sie sich mit der Geschwindigkeit eines Sprinters in Sicherheit. Ein Davonlaufen vor einem annehmenden Grisly würde nichts nützen, er ist schnell wie ein Pferd und sehr, sehr beweglich. Seine plumpe, behäbige Gestalt täuscht!

Elch – Alces alces
Moose – Aus der Sprache der Narragansett-Indianer

Er ist der größte aller Hirsche und mit einer Schulterhöhe bis 2 Meter, einer Gesamtlänge bis 3 Meter und einem Gewicht bis zu 600 Kilogramm kaum zu übersehen. Der stärkste seiner Art ist der Alaska-Elch *(Alces alces gigas)*, der bis 800 Kilogramm schwer wird und eine fast schwarze Decke besitzt. Der Yukon-Elch ist nur minimal geringer, hat jedoch auch die weitausladenden Schaufeln der Elche, die in offenem Gelände leben, auf ihn komme ich noch gesondert zu sprechen.

Der Waldelch Britisch-Kolumbiens *(Alces alces andersoni)* dagegen zeigt eine engergestellte, höhere, kronenartige Schaufel und ist allgemein schwächer, wird nur bis zu 450 Kilogramm schwer.

Der Elch hat extrem lange Läufe, einen plumpen Körper und ein langes, schmales Haupt mit überlangem Windfang. Die stärksten Schaufeln haben bis zu 1,8 Meter Auslage und 38 bis 42 Enden.

Elche sind Einzelgänger, sie leben in waldigem Gelände, brauchen jedoch auch Moore und Sümpfe in ihrem Biotop. In ihrer Ernährung bevorzugen sie Triebe und Rinde der Weichhölzer wie Weiden, Pappeln und Erlen, aber auch Wasserpflanzen werden gerne geäst, und wie Flußpferde tauchen sie in die Seen. Der Elch ist ein ausgezeichneter Schwimmer. Zwischen den Schalen hat er eine Art Spannhaut, die das Einsinken in morastigen Boden verhindert.

Die Brunft ist je nach Lage im September und Oktober, der Elch hält sich kein Rudel, sondern zieht von Tier zu Tier, dabei kann es zu harten Brunftkämpfen kommen. In seiner Erregung wird der Hirsch derart angriffslustig, daß er auch schon auf Züge und Autos losgegangen ist!

Das brunftige Tier lockt die Hirsche mit einem weinerlichen, kläglichen Ruf, dieser antwortet mit einem dumpfen Grunzen. Diese beiden Rufe werden vom Jäger nachgeahmt, was viel Übung erfordert, aber sehr erfolgversprechend ist.

Nach einer Tragzeit von neun Monaten setzt das Elchtier (cow) ein bis zwei Kälber (calv). Die führenden Tiere sind sehr gefährlich, verteidigen sie doch ihre Kälber besonders durch Schlagen mit der scharfen Schale der Vorderläufe. Die Kälber bleiben ein Jahr bei der Mutter.

In Kanada werden nur Hirsche bejagt, Tiere haben totale Schonzeit, in einigen Gebieten gibt es seit kurzem geringe Abschußquoten für Kälber. Der kanadische Jäger bevorzugt junge „Küchenbullen", während das Wildbret der alten, trophäenstarken Hirsche, die die Europäer bevorzugt erbeuten, gute Kaumuskeln beim Mensch verlangt.

Neben dem Geweih wird auch oft die Decke als Trophäe mitgenommen. Elchleder ist bei den Indianern sehr beliebt, da es sowohl schmiegsam als auch widerstandsfähig ist.

Für mich ist der Elch der Hauptwildbretlieferant und auf vielfältigste Weise verwertbar. Das Fleisch hat keinen Wildgeschmack, ist eher wie zartes Rindfleisch zu verwenden. Vom Châteaubriand bis zum deftigen Gulasch, rohe und geräucherte Würste bis zum luftgetrockneten Jerky reicht der Speiseplan.

Nur von den Innereien bringen mir meine Jagdführer nicht alle gewünschten Teile, Lunge bleibt prinzipiell im Wald, und das Herz bekomme ich nur von meinen Europäern mitgebracht.

Eigentlich ist der Elch in Britisch-Kolumbien noch gar nicht lange als jagdbares Wild bekannt. Um die Jahrhundertwende sollen die ersten Elche erst eingewandert sein, nachdem man die dichten Wälder durch Brandrodungen oder Holzschlägerungen gelichtet hat, Kahlschläge entstanden und so das Äsungsangebot verbessert wurde.

Maultierhirsch oder Großohr-Hirsch – Mule-Deer – Odocoileus hemionus

Zu einem besonderen Merkmal dieses Trughirsches gehören die großen Lauscher. Diese können bei einem erwachsenen Hirsch (buck) bis zu 30 Zentimeter lang werden und sollen nach Aussagen von Biologen zur Ableitung erhöhter Körpertemperatur dienen. Diese Hirsche haben eine graubraune Decke, wirken eher gedrungen und stämmig und haben einen weißen Wedel mit schwarzer Quaste. Das Geweih ist weniger stark verzweigt als jenes unserer Rothirsche, hat jedoch besonders lange Sprossen und ist herrlich geperlt.

Die Brunft ist Ende Oktober, Anfang November. Die Hirsche halten sich keinen „Harem", leben auch nur in kleineren Gruppen zusammen. Seine Einstände markiert der „buck" durch verfegen von Bäumen und Sträuchern, wobei eine Duftdrüse seinen speziellen Geruch absondert.

Nach einer Tragzeit von sieben Monaten setzt das Tier (doe) ein bis zwei Kälber (fawn), manches Mal auch drei, die dann ein Jahr lang bei der Mutter bleiben. Maultierhirsche können bis zu 20 Jahre alt werden, das Durchschnittsalter liegt jedoch bei 10 Jahren. Bevorzugte Einstände sind dichtes, undurchdringliches Unterholz, zum Äsen ziehen diese dämmerungs- und nachtaktiven Tiere dann auf die Kahlschläge und Wiesen aus. Während der Sommermonate stehen sie gerne höher in den Bergen, wo ein ständiger Wind die qualvollen Moskitos fernhält, den Winter verbringen sie oft in näherer Umgebung von menschlichen Ansiedlungen, da ihr größter Feind, der Wolf, diese meidet.

Zur Bejagung sind nur die Hirsche frei, in manchen Revieren muß zur Erbeutung eine Mindestanzahl von Geweihenden (fourpointers) vorhanden sein.

Hochflüchtige Mule-Deer haben eine eigenartige Fortbewegung, schnellen nämlich mit allen vier Läufen gleichzeitig hoch (bouncing).

Die Jagd erfolgt bei Pürsch oder Ansitz und ist sehr mit der Jagd auf unseren Rehbock zu vergleichen. Das Mule-Deer hat wie er seine Fege- und Plätzstellen. In der Brunft legt sich der Hirsch besondere „Näßstellen" an, die er in einem Rhythmus von 24 Stunden absucht, um festzustellen, ob ein brunftiges Tier schon seine Tritte hineingesetzt hat. Das Wildbret ist besonders zart und aromatisch, das Leder sehr weich und schmiegsam.

Wildren – Karibu – Reindeer – *Rangifer tarandus*

Durch die nordwestlichen Tundren Kanadas ziehen vor allem die großen, starken Grant-Karibus *(Rangifer tarandus granti)* sowie das Arktische Karibu *(R. t. arcticus)*. Im Osten Nordamerikas leben die Grönland-Karibus *(R. t. groenlandicus)*; der MacKenzie River bildet eine natürliche Grenze für deren Wanderungen.

Das Karibu ist die einzige Hirschart, bei der beide Geschlechter Geweihe tragen, die der weiblichen Tiere sind jedoch wesentlich schwächer als die der Hirsche. Ein ausgewachsener Hirsch kann eine Schulterhöhe von 1,3 Meter und ein Gewicht von über 150 Kilogramm erreichen. Die Hirsche (bulls) werfen ihr Geweih bereits im Januar, die Tiere (cows) jedoch erst im Spätfrühling, nach dem Setzen ab. Eine Besonderheit ist die Decke, die vollkommen wasserabweisend ist und sehr gut isoliert.

Ein Karibu kann große Kälte daher leichter ertragen als Sommerhitze, unter der es leidet. Die Stangen des Geweihs sind abgeflacht, die Enden – auch die der Aug- und Eissprossen – sind schaufelartig verbreitert. Ein guter Hirsch kann eine Geweihlänge bis zu 1,5 Meter aufweisen, starke Vorschaufeln und zahlreiche Enden sind sehr begehrt. Der bevorzugte Lebensraum ist die offene Tundra. Karibus ernähren sich vor allem von Flechten, Moosen und Kräutern.

Die Karibus sind sehr gesellige Tiere und schließen sich für ihre Wanderungen zu riesengroßen Herden bis zu tausend und mehr Stücken zusammen. Auf jahrhundertealten „Straßen" ziehen sie von ihrem Wintereinstand zu den Äsungsgründen des Frühlings und Sommers, zu den Gebieten, wo die Kälber gesetzt werden (calving grounds).

Die Brunft liegt im Spätsommer/Herbstbeginn, und nach einer Tragzeit von etwa 8 Monaten setzt das Tier meistens nur ein Kalb. Dieses kann bereits nach 12 Stunden seiner Mutter folgen und mit der Herde weiterziehen. Das Sommerkleid ist überwiegend goldbraun, bei den Hirschen bildet sich im Winterkleid eine besonders prächtige, weiße Nackenmähne aus. Zwischen den Schalen haben Karibus eine Spannhaut, die das Einsinken in Morast und tiefen Schnee verhindern hilft.

Ein unvergleichliches Schauspiel ist das Beobachten eines Zuges von Karibus auf Wanderschaft, wenn sie z. B. den Porcupine River bei Old Chow im nördlichsten Yukon überqueren!

Viele Indianer halten das Fleisch der Karibus für eher minderwertig, da diese Tiere auch minderwertige Äsung aufnehmen, aber von jeher hat ihnen dieses Wild alles geliefert, was sie zum Überleben brauchten: Leder, Fleisch, Knochen, Sehnen, Horn. Ich finde das Wildbret sehr schmackhaft, zart und besonders mager. Auf keinen Fall möchte ich es auf meinem Menüplan missen!

Die Jagd auf Karibus ist nicht besonders schwierig, wenn man gutes Sitzfleisch und Ausdauer hat. Meist wird das Wild aus großer Entfernung angesprochen, dann angeritten, seine Neugierde ist besonders ausgeprägt, das erleichtert die Jagd. Die großen Herden werden meist von einem alten Tier angeführt, dann folgen die übrigen Tiere mit ihren Kälbern, dann die jungen Hirsche und erst am Ende des Zuges erscheinen die alten, weisen Herren der Schöpfung, die Monarchen der Tundra.

Alaska Schneeschaf oder Dallschaf – Dallsheep – Ovis dalli dalli

In Körperbau, Lebensweise und Lebensraum gleichen diese Wildschafe unseren Steinböcken sehr. Auch sie lieben die baumlosen, nicht zu steilen Almen und Matten in den endlosen Bergketten des Yukon. Wie bei anderen Mitgliedern der Familie der Dünnhornschafe, so gehört die ganze Schnecke eines alten Dallsheep Rams (also Widders) mit zur begehrtesten Trophäe Nordamerikas. Ein ausgewachsener Widder kann bis zu 100 Kilogramm wiegen und erreicht eine Risthöhe bis zu 1 Meter. Die Basis seiner Schläuche ist armdick, und sie sollten mindestens eine 2/3 Drehung aufweisen, eine vollausgebildete Schnecke ist der Traum eines jeden Jägers. Die Hörner der Dallsheep sind etwas dünner als die der dunklen Brüder, der Stone-sheep, und drehen sich nach außen. Das Fell bleibt auch im Sommer reinweiß.

Die Brunft liegt im Oktober/November, und es kommt nicht selten zu erbitterten Kämpfen. Jeder Widder versucht so viele Schafe wie nur möglich zu belegen und verteidigt diese sehr energisch. Nach einer durchschnittlichen Tragzeit von 175 Tagen bringt das Schaf ein Lamm, selten zwei, zur Welt. Zum Lammen ziehen die hochbeschlagenen Schafe in Gruppen zu den „lambing grounds", die meist nahe der Sommerweiden liegen. Hier wachsen die Lämmer im Schutz vieler wehrhafter Mütter und vieler Spielkameraden auf. Schafe und Lämmer bilden während des ganzen Jahres eine Gemeinschaft. Aber auch die Widder schließen sich nach der Brunft zu größeren Rudeln zusammen, wobei der Trupp von einem besonders starken Ram – dem mit den dicksten Schnecken – geführt wird, während die jüngeren seine Adjudanten sind.

Neben dem Grisly ist das Dallschaf die meistgefragte Trophäe im Yukon, und es werden nur limitierte Abschüsse freigegeben.

Gute Kondition erfordert diese Jagd, stehen die alten, guten Widder doch meistens hoch in den Bergen und kommen erst zu

Beginn des Winters tiefer in die Wälder. Oft sind weite Umwege erforderlich, um in Schußnähe an sie heranzukommen, denn der Gesichtssinn dieses Wildes ist ausgezeichnet.

Wie bei allen Wildarten ist es gesetzlich vorgeschrieben, das Wildbret zu bergen und auszubringen. Da es hierzu oft um Tagesmärsche geht, nehmen wir nur die besten Stücke, wie Filets, Rückenstreifen und Keulen mit. Ein derart hart erarbeiteter Braten schmeckt natürlich ganz besonders gut!

Schneeziege – Mountain Goat – Oreamnos americanus

Die in den feuchten, steilen, meist mit Schnee bedeckten Steilhängen der Rocky Mountains lebende Schneeziege gehört zur Familie der Antilopen und ist eng mit unseren Gemsen verwandt. Billy, Nanny und Kid sind besonders für dies Leben in den Bergen ausgerüstet, mit ihrer dichten, wolligen, mit sehr fetthaltigem Unterhaar und langem, widerstandsfähigem Grannenhaar versehenen Decke. Kurze, kräftige, äußerst muskulöse Läufe und vor allem die trittsicheren Schalen machen sie zu einzigartigen Kletterern, denen kein Abbruch zu steil erscheint. Die Schalen haben einen überstehenden Rand, sind innen jedoch schwammartig, so daß sich jeder Tritt am Felsen festsaugen kann.

Durch Steinschlag und Lawinen kommen alljährlich viele Schneeziegen ums Leben. Bis zu acht Monate Winter und eisigste Schneestürme überdauern sie. Die Schneeziegen sind Einzelgänger, und nur während der Brunft im November verlassen die alten Böcke ihre Einstände hoch oben in den Felsen und suchen nach einer „Partnerin". Zwischen April und Juni kommen die Jungen zur Welt, meist nur eines, ganz selten auch Zwillinge. Die „Kids" können schon nach wenigen Stunden der „Nanny" folgen und bleiben ein Jahr in deren Obhut.

Böcke (Billy) und Ziegen (Nanny) tragen Hörner, haben einen langen Kinnbart und schlanke, spitze Lauscher. Allerdings sind die Hörner der Billies an der Basis wesentlich stärker, vielleicht nicht ganz so lang wie die der Nannies, dafür aber auch stärker „gehakelt". Die Hauptäsung bilden Alpenkräuter, Flechten und Moose, im Winter suchen sie Stellen auf, wo der Wind den Schnee abgetragen hat, um mit den Schalen leichter nach Äsung scharren zu können.

Die Jagd auf dieses scheue und überaus vorsichtige Wild erfordert ein hohes Maß an Ausdauer und Kondition, und ist mit der Gamsjagd zu vergleichen. Schüsse aus weiter Entfernung, steil aufwärts oder abwärts sind normal.

Auch muß sehr darauf geachtet werden, daß das getroffene Tier dann nicht in eine Schlucht fällt, aus der es nicht mehr geborgen werden kann.

Neben den Krucken ist natürlich die herrliche Decke der Schneeziege eine begehrte Trophäe.

Das Fleisch ist eher zäh und sehr geschmacksintensiv, doch bei richtiger Zubereitung eine wahre Delikatesse.

Wolf – Gray Wolf – Canis lupus

Mit einer Schulterhöhe bis zu einem Meter, einer Länge bis zu 1,5 Meter ist der arktische Wolf der größte seiner Art. Obwohl auch einzeln lebende Wölfe ausgezeichnete Jäger sind, schließen sich jedoch immer größere Rudel zusammen, um Jagd auf Großwild zu machen.

Die Ranzzeit der Wölfe liegt in den Monaten Januar bis März, nach einer Tragzeit von 63 bis 65 Tagen wölft das Weibchen bis zu fünf Junge, in einer sorgsam dafür vorbereiteten Höhle. Innerhalb des Rudels herrscht eine strenge Rangordnung, das Leittier ist meist der stärkste, erfahrenste Rüde, neben ihm steht fast gleichberechtigt die Partnerin und Mutter seiner Jungen. Gemeinsam und unter Mithilfe der ganzen „Familie" werden die Jungen großgezogen. Entfernungen von 50 bis 70 Kilometer in einer Nacht sind für diese ausdauernden Jäger eine Kleinigkeit. Reviergrenzen werden markiert und gegen Eindringlinge schärfstens verteidigt.

Die Lebenserwartung eines Wolfes kann 12 bis 15 Jahre betragen. Seine Bejagung war schon immer ein großes Anliegen der Menschen. Wer einmal einen Wolfskill gesehen hat – und ich behaupte, daß er nicht nur aus Hunger tötet, sondern einem Blutrausch verfällt –, der wird das verstehen.

Daß er Menschen und Haustiere anfällt, ist eher selten, aber daß er in Rotten von 20 und mehr ganze Rudel von Maultierhirschen reißt, das hab' ich mit eigenen Augen gesehen. Seine List und Schärfe zeigt sich in seinen Überfällen. Niemals verläßt er seinen Hinterhalt, ohne daß der Angriff Erfolg hat. Meist treibt er Elche und Hirsche auf freie Flächen – zugefrorene Seen –, um sie dann zu Tode zu hetzen. Erst der Biß in die Läufe, dann erst in die Drossel! Seinen Hunger stillt er vor allem an den Weichteilen, halbe Elche bleiben oft liegen, und schon wird der nächste angenommen – soweit meine eigene Beobachtung.

In B. C. und dem Yukon hat jeder Jäger 10 Wölfe zum Abschuß frei, leider wird dieses Kontingent bei weitem nicht ausgeschöpft, das jedoch zeugt von der Klugheit und List Isegrims.

Vielfraß – Wolverine – Gulo gulo

Dieser große, meist auf dem Boden lebende Marder ist der Schrekken aller Trapper und Campbesitzer. Wenn er einmal in eine Hütte einbricht, dann bleibt kein Stück auf dem anderen. Seine Läufe sind kurz, aber sehr stark und muskulös, die Pranten haben scharfe

Krallen, sein Mut ist unvergleichlich. Er ist ein Allesfresser und schreckt auch vor einem Bären nicht zurück.

Die Wolverine ist etwa 1 Meter lang, 45 bis 50 Zentimeter Schulterhöhe, hat einen rotbraunen Balg mit hellerem Seitenstreif, lange buschige Lunte und einen dreieckigen, bärenähnlichen Schädel. Bei großer Kälte und starkem Schneefall gräbt er sich oft für einige Tage im Schnee ein, hält jedoch keinen Winterschlaf. Sein Balg ist ganz besonders begehrt, da er absolut wasserabstoßend ist und daher für Kapuzen und Kappen besonders geeignet.

Der Vielfraß ist ein Einzelgänger ohne eigentliches Revier, es ist auch keine bestimmte Ranzzeit bekannt, meist im Frühjahr setzt das Weibchen zwei bis drei Junge in einem warmen Lager, das sie in hohlen Bäumen oder tiefen Höhlen errichtet hat.

Nordamerikanischer Baumstachler – Urson – *Erethizon dorsatum*

Ein Tier möchte ich hier noch vorstellen, das wir nicht bejagen, das aber zu unserem täglichen Leben in Kanada gehört. „Porcy" – wegen seiner Plumpheit und Langsamkeit läßt es sich sogar mit einem Stock erschlagen und zählt zum „Überlebensproviant" im Busch. Daher soll es nicht beschossen, bejagt werden. Das Fleisch soll fett, harzigherb, aber wohlschmeckend sein, wie uns die Indianer berichten, selbst habe ich es noch nie gekostet. Das Stacheltier lebt besonders gerne in Fichten- und Tannenwäldern, deren Rinden es mit seinen langen, braunen Nagezähnen schält, die frischen Triebe mit besonderer Vorliebe. Das Tier hat einen gedrungenen Körper und wird bis zu 1 Meter lang. Seine 8 bis 10 Zentimeter langen Stacheln versteckt es in einem braun/schwarz/weißen Fell mit dichter Unterwolle und bis 35 Zentimeter langen Borstenhaaren. Die Stacheln (quilts) haben einen kleinen Widerhaken an der scharfen Spitze, sie sind mit Luft gefüllt; wenn sie in den Gegner eindringen, dann können sie nur operativ entfernt werden. Die Indianer schneiden den „quilts" vor dem Entfernen die Spitze ab, damit die Luft entweichen kann und die Stacheln so etwas leichter herausgeholt werden können. Der Baumstachler kann seine Stacheln nicht abschießen wie die asiatischen Erdstachler, aber sie sitzen sehr locker und werden oft auch mit einem gezielten Schwanzhieb von unten nach oben ausgeteilt – eine sehr wirksame Waffe!

„Wie vermehren sich die Stachelschweine?" „Vorsichtig, sehr, sehr vorsichtig!" Die Paarungszeit fällt in den Sommer, das Männchen bespritzt seine Partnerin mit seinem Urin, um sein „Eigentumsrecht" zu bekunden. Nach einer (besonders langen) Tragzeit von sieben Monaten setzt das Weibchen in einer gut ausgepolsterten Baumhöhle ein Junges. Dies ist derart gut entwickelt, daß es schon nach kurzer Zeit in der Lage ist, auf Bäume zu klettern und sich an den Ästen festzuhalten. Verglichen mit einem jungen Bären, ist der frischgesetzte Baumstachler geradezu ein Riese, und verglichen mit der Größe der erwachsenen Tiere, zählt das Junge zu den größten Säugetierbabys überhaupt.

In der Nähe meiner Camps und Hütten sehe ich diese Baumstachler aber gar nicht gerne, denn sie schaffen es in kurzer Zeit mühelos, sich durch 4 bis 5 Zentimeter dicke Holzwände, Böden oder Türen hindurchzunagen und richten einen heillosen Schaden an.

Schneehase – Lepus timidus

In großen Mengen tummeln sich diese Hasen, die ihren Namen den besonders langen, ganzjährig weißen Hinterpfoten verdanken, durch die nördlichen Wälder Kanadas. Zwischen den Zehen haben sie zudem eine Art Spannhaut und besonders lange, dichte Behaarung, die ihnen ermöglicht, leichter über den Schnee zu laufen ohne einzusinken. Die im Sommer graubraunen Nager verfärben zum Winter völlig weiß, lediglich die dunklen Seher und schwarzen Löffelspitzen verraten ihre Anwesenheit im hohen Schnee! Selten sind ausgewachsene Hasen größer als 40 bis 45 Zentimeter Länge und wiegen zwischen ein und zwei Kilogramm. In guten Jahren, so schätzen Biologen der Universität Calgary, die eine wissenschaftliche Station in Silver City, Kluane Lake Yukon, betreiben und dort unsere Nachbarn sind, kommen über 3000 Hasen auf eine Quadratmeile (2,56 Quadratkilometer).

Das Phänomen des zehnjährigen Hasen-Zyklusses können sich Wissenschaftler aber bis heute noch nicht erklären. Über eine Zeitspanne von zehn Jahren vermehren sie sich nämlich explosionsartig und verschwinden dann fast gänzlich von der Bildfläche. Ob es eine Seuche, Mangel an Nahrung oder extrem kalte Winter sind, ist noch nicht erforscht.

Tagsüber drücken sich Schneeschuhhasen in Büschen und dichtem Unterholz, leben aber auch in Erdlöchern oder Felsspalten. Abends bevölkern sie die Ränder des Alaska Highways – nur wenige werden erstaunlicherweise von Autos überfahren! Die hohe Sterblichkeitsrate ist anderswo zu suchen. Den Winter verbringen sie in Erdlöchern, lassen sich einschneien und ernähren sich durch Schälen von Weichhölzern.

Cojote oder Präriewolf – Canis latrans

Kleiner, frecher und weniger menschenscheu als sein „großer Bruder" der Wolf, finden sich Cojoten, vor allem rund um die Camps zum abendlichen Ständchen ein.

Sein Balg ist eher schmutzigbraun, die Rute buschiger als beim Wolf, aber nicht so lang. Bevorzugte Nahrung sind Kleinsäuger und Vögel, aber der oft reichlich gedeckte Tisch rund um eine Mülldeponie ladet diese wenig anspruchsvollen Tiere ein, die Nähe der Menschen und Dörfer zu suchen.

Der Cojote darf ganzjährig ohne besondere Abschußquote bejagt werden und wird von den Gästen gerne als „Zusatztrophäe" mitgenommen.

Sein Geheul ist ein eher schrilles, hundeähnliches Gebell – Jappen – das jedoch bei keiner Lagerfeuerromantik fehlen sollte. Und nach dem Glauben der Indianer einen Wetterumschlag ankündigt!

Waren Cojoten früher eher Einzeljäger oder jagten paarweise, so stellen die Biologen fest, daß sich in den letzten Jahren immer größere Verbände zusammenschließen und wolfsähnliches Jagdverhalten annehmen. Dadurch ist in manchen Gegenden das Jungvieh der Farmer stärker gefährdet und man stellt den Cojoten gezielter nach.

Waldhühner – Grouse

Zur Familie unserer Rauhfußhühner gehören die über ganz Kanada verbreiteten Grouse. In unseren Revieren haben wir vor allem die „ruffed grouse", dem Haselhahn am ähnlichsten, die „spruce grouse", das Tannen-Waldhuhn (Canchites Canadensis) und über der Waldgrenze in den Tundren des Yukons vor allem das Felsenschneehuhn, „rock-ptarmigan" (Lagopus mutus).

Beide Waldhühner sind so leicht zu bejagen, daß man sie auch „foul hen" (dumme Henne) nennt. Die Indianer erschlagen sie entweder mit Stöcken oder schießen sich ihr „Sandwichhühnchen" mit einer Steinschleuder.

Die Hähne der „ruffed grouse" zeigen in der Balz eine schwarze „Halskrause" und schlagen, auf einem alten Baumstamm balzend, derart schnell mit ihren Schwingen, daß ein trommelähnliches

Geräusch, „drummen", entsteht. Wer tief im Busch im Frühjahr meint, der Bauer könne seinen Traktor nicht starten, der hört das Balzlied eines Haselhahnes. Neben Insekten äsen sie Beeren aller Art und brauchen zur Verdauung kleine Kieselsteine oder Sand. Daher kann man sie entlang von Seeufern, auf Flußbänken oder Forststraßen häufig antreffen. Im Winter ernähren sie sich vor allem von den Knospen der Weiden, aber auch von den Triebspitzen der Föhren – die dem Wildbret einen besonders würzigen Geschmack geben. Während des Tages leben sie normalerweise am Boden, baumen jedoch bei Schlechtwetter oder nachts auf. Im Winter lassen sie sich einschneien und überstehen so die härteste Zeit.

Ähnlich verhalten sich „spruce grouse". Bei diesen ziert den grauweißgefleckten Hahn die leuchtend rote Rose über den Augen. 10 bis 15 Eier haben die Hennen beider Waldhühnchen im Gelege, aber selten überlebt mehr als die Hälfte der geschlüpften Küken die ersten Wochen. Zu zahlreich sind die Feinde und Feinschmecker unter den Raubtieren im kanadischen Busch.

In den Felsregionen des Yukons leben die Felsenschneehühner in großen Verbänden. Im Frühling sind Kopf, Hals und Rumpf mit rötlichbraunen, dunkelbraunen Federn bedeckt, im Spätherbst beginnt sich die Verfärbung zum reinen Weiß vom Bauch her, die Wintertarnung wird nur durch die schwarzen Knopfaugen unterbrochen. Auch diese Spezies verstehen es, große Kälte und Unmengen von Schnee durch Eintauchen in die weiße Pracht und tagelanges Eingeschneitsein zu überleben. Die Äsung besteht vor allem aus Knospen der Krüppelweiden und Zwergbirken, Preisel- und Moosbeeren, die die weiten tundraähnlichen Täler des Yukons bedecken.

Das Wildbret aller Waldhühnchen, die ich am liebsten mit dem Kleinkaliber schieße, ist eher trocken. Ich koche es in etwas Salzwasser vor, wickle die Brüste in Speck und brate sie auf beiden Seiten knusprig. Auf Knoblauchtoast serviert ergibt dies eine delikate Vorspeise.

Mit Deinen Augen

Nedaa, dieses warme, wohlklingende Wort aus der Sprache der Indianer im hohen Norden Kanadas bedeutet „mit Deinen Augen".

Nedaa
mit Deinen Augen siehst Du die Welt auf Deine Art,
jeder andere Mensch sieht sie anders.
Nedaa
mit Deinen Augen suchst Du Deinen ureigenen Weg,
nur Du gehst diesen Weg auf Deine Art, jeder andere
Mensch geht ihn anders.
Nedaa
mit Deinen Augen sollst Du ständig versuchen, die
Schönheiten dieser Welt, auch die Kleinigkeiten am
Wegesrand zu sehen und zu achten.

Dazu paßt – so finde ich – ganz wunderbar das Lied der Nacht aus dem Gesang der Navajos:

So gehe denn wie eine, die ein langes Leben hat,
Und gehe wie eine, die glücklich ist.
Gehe und achte die Schönheit vor Dir,
Gehe und achte die Schönheit über Dir,
Gehe und achte die Schönheit unter Dir,
Gehe und achte die Schönheit um Dich herum,
Gehe und achte die Schönheit Deiner Rede!

Nedaa – mit Deinen Augen – mit meinen Augen habe ich das Land Kanada bereist und lebe darin, versuche ein Leben nahe an den Wurzeln zu leben. Mit diesen Zeilen beende ich meine Erzählungen und hoffe, daß es mir gelungen ist, all die Schönheiten auf meinem Weg zu achten – auch die meiner Rede!